歪められた江戸時代

古川愛哲

MdN新書
015

はじめに

「チャンバラの語源を知ってますか？」と尋ねられたことがあります。

辞書を引くと、「刀剣で切り合うこと。ちゃんちゃんばらばら（『広辞苑』）などと説明されていますが、「チャンチャン」は刀が触れ合う音でわかるとしても「バラバラ」となると、体がバラバラに斬られるのか、着物が斬られる音か不明です。

日本映画史のほうでは、チャンバラの語源は、長唄「筑摩川《ちくまがわ》」の「千鳥《ちどり》の合方《あいかた》」という三味線《しゃみせん》の曲を口真似することから生まれたと伝えられています。

明治末から大正時代（一九一〇年代）、まだ映画が無声映画で「活動写真」と呼ばれた時代のことです。

活動写真は、弁士の説明と楽隊（西洋式楽隊と三味線の和洋合奏）の伴奏がつき、「剣戟《けんげき》」（刀剣で戦う場面）の見せ場になると、楽隊のなかの三味線が長唄「筑摩川」の「千鳥の合方」を演奏しました。それを口で真似て、いわゆる「口三味線」にすると早口で「チンチリトチチリ　チチチ　チリトチチンリン」とやります。

その頃の熱心な観客は子どもたちで、剣戟場面を真似て剣術ごっこをしました。そのさい、子どもらは口三味線で「チンチリトチチリ」と伴奏をつけたのですが、何せ子どもなので「チンチリトチチリ　チチチ　チリトチチンリン」と正確に口三味線したくとも舌が回りません。そこで「チャンチャンバラバラ」と略して剣戟ごっこをし、剣戟場面のある活動写真を「チャンバラ」と呼ぶようになりました。

以上は明治末年から大正まで子どもたちに大人気だった「目玉の松ちゃん」こと尾上《おのえ》松《まつ》之《の》助《すけ》主演の剣戟活動写真の監督だった牧野《まきの》省三《しょうぞう》の証言として残っています。大正時代から「チャンバラ」ははじまったことになります。

この頃のチャンバラ活動写真（チャンバラ映画）は、正式には「新時代劇（新しい時代ものの劇）」と呼ばれました。それまで時代ものの劇は「旧劇」と呼ばれていたからです。

旧劇は歌舞伎の演技と変わらない様式化された演技でした。対して、新時代劇はリアルな立ち回りで、今日の時代劇（チャンバラ映画）に近いものを活動写真で実現しました。チャンバラ映画が新時代劇から、「時代劇」と呼ばれるようになったのは、大正十二年（一九二三）の関東大震災の後といわれています。

この頃は、慶応《けいおう》四年（一八六八）の江戸幕府瓦解《がかい》から半世紀以上も経過し、もはや江戸時代を肌身で経験した人は、かなり希少な存在となっていました。

この事情は「時代小説」でも大差はありません。大正六年（一九一七）、岡本綺堂《おかもときどう》が『半七捕物帳』の連載をはじめましたが、少なくとも「時代小説」という呼び名は、その前後のことです。

その岡本綺堂（本名・敬二）は、明治五年（一八七二）に東京芝の高輪《たかなわ》で生まれましたので、江戸時代は体験していません。代表作の『半七捕物帳』は、名探偵シャーロック・ホームズを強く意識して書きました。江戸時代が舞台でも、登場人物の行動などは、ホームズの著者であるコナン・ドイルの英国探偵小説を反映していることになります。

チャンバラ映画も変わりません。西部劇やヨーロッパの活動写真を真似て作られました。『鞍馬《くらま》天狗《てんぐ》』（大仏次郎《おさらぎじろう》著）は『怪傑ゾロ』を日本化したもので、『奇傑卍太郎《きけつまんじたろう》』は昭和十年（一九三五）に着想をイギリスの義賊「ロビン・フッド」から得た作品でした。股旅《またたび》ものは、カウボーイが流れ歩く西部劇から発想されています。

時代小説や時代劇、チャンバラ映画といっても、伝統的な江戸の生活を活写しているわけではありません。

悪代官や悪家老に虐《しいた》げられた者を救うため、素浪人や侍が町奉行の捕り方に囲まれながら、彼らをバッタバッタと斬り倒す――。時代劇の溜飲《りゅういん》の下がるカタルシスは、江戸時代にもありそうで、いや、あってほしいと思うのですが、ほとんど西洋の活劇の流用から発展して今日にいたったものばかりです。それゆえ現実の江戸時代の姿からは、ほど遠いといわざるを得ません。

それでは、なぜ、江戸を知っている人たちによって、時代劇や時代小説は作られなかったのでしょうか。


最初のチャンバラ映画『雄呂血《おろち》』（大正十四年＝一九二五）は、本来の題名は『無頼漢《ぶらいかん》』でした。これが内務省の検閲で「公序良俗に反する」とされて『雄呂血』と改題されたあげく、十数分のカットを命じられました。主人公が捕り方と対峙する場面が、「権力をも恐れぬ不埒《ふらち》な行為」として、削除を命じられたというのが今日の通説です。

明治政府は「反逆」「反抗」「革命」「無頼」「刀」「剣戟」などを過敏といえるほど嫌い、

禁圧しました。二百六十余年近い徳川幕府を「斬殺」や「最新兵器」で倒して、明治維新政権を樹立したのです。それだけに「反逆」「反抗」「無頼」「刀」の力を恐れました。維新の元勲たちは開幕以来、未曽有《みぞう》の暗殺行為を働いたようで、武士の行動原理と文化を極端に否定したのです。

明治四年（一八七一）には、「散髪脱刀令」を発して、髷《まげ》を落とし、帯刀の習慣をなくそうと試みています。また同九年には「廃刀令」を公布して、軍人、警察官以外の帯刀を全面禁止しました。剣術試合の興行でさえ禁止したほどです。

四民平等、旧弊打破、文明開化の名のもとに、旧弊に類する江戸時代を一掃しようとしたのですが、それは国民教化政策として、芸能の世界にも及び、歌舞伎や文芸から落語まで、江戸時代とは異なるものを強要しました。講談では軍談（合戦を題材とする軍記物）を禁止して、「古今勤王諸将の伝」「西洋歴史の訳本」「忠孝物語」に限らせ、落語では「歌舞伎の所作《しょさ》禁止」、文学や演劇の世界でも「文学改良」「演劇改良」の名で、江戸時代を採り上げるのを許しませんでした。「剣術」は「剣道」となり、また「柔術」は「柔道」となって、精神的道徳性が強調され、江戸時代の香りを払拭《ふっしょく》することに力が注がれました。

明治の後半まで、「江戸の世が懐《なつ》かしい」とでもいえば、危険思想の持ち主とされたのです。その間、江戸時代に生まれた世代は、次々と変わる世相に憤懣《ふんまん》を押し殺しながら、あるいは時代に翻弄《ほんろう》されながら、その生を終えました。

時代小説や時代劇が作られる頃は、明治生まれの人々の世になっていました。ところが、昭和になると国家政策としても武士の精神が鼓舞され、多くの時代劇や時代小説が発表され、江戸風俗研究の祖といわれる三田村鳶魚翁《みたむらえんぎょ》に代表される江戸ブームもありました。しかし、もはや江戸の実情を知る人は皆無となっていたのです。

結果、額《ひたい》に三日月《みかづき》の傷を持ち、「退屈じゃ」を連発する大旗本の殿様（『旗本退屈男』）が、やたら刀を振り回しても閉門・逼塞《ひっそく》にもなりません。

白昼かぶりものは禁止のうえに「市中乗馬禁止」でも、「鞍馬天狗」は平気で洛中を馬で駆け回ります。それを新撰組も町奉行所も咎《とが》める様子はありません。

右目から頬《ほお》に大きな刀傷があるニヒルな剣士の「丹下左膳《たんげさぜん》」は、白い着流しで髑髏《どくろ》の紋など付けていますが、その異装を咎める与力《よりき》・同心もいませんし、橋の下に筵《むしろ》で家を作って住んでいる浪人なのに、「無宿狩り」で石川島人足寄場《いしかわじまにんそくよせば》（身寄りのない者の収容所）に送られる身の危険を左膳が感じた様子もありません。

人気俳優の木村拓哉が主演した『武士の一分』は、たかが女を巡る「女仇《めがたき》討ち（妻の不倫相手を殺害すること)」にまで矮小《わいしょうか》化されることになりました。さらに江戸城の奥深くに「大奥総取締役」なる前代未聞の役職があっても、誰も卒倒しません。

フランス語でイストワール(histoire)とは、歴史でもあり、物語でもあります。歴史は物語として共有されて、新たな物語を作り出してゆくものですから、チャンバラ映画と時代ものは、新しい江戸時代像を作り出したといえるでしょう。

実像の江戸は、偉大な文化を作り出した時代でした。二百六十年近くも続いた江戸を海外勢力からの脅威を叫んで明治維新政府は潰しましたが、彼らはわずか七十七年で国を滅亡させました。その間の内乱、戦争につぐ戦争での犠牲者の数は計り知れません。

むろん、江戸時代が夢とか理想郷とかいうわけではありません。むしろ、限界と欠点だらけでした。ただし、時代の欠点を自覚した幕府のみならず民間もこぞって問題解決に努力を惜しまなかったのは事実です。

本書は、ささやかながら、江戸の実像に迫ろうというものです。今日の生活の芽生えとなった江戸時代もあれば、想像を絶する江戸時代もあります。江戸という時代の実像に浸《ひた》ってみることによって、一読後、周囲が今までとは違って見えることになれば幸いです。

最後になりますが、江戸の物価や賃金は変動が多く、現代の金銭にきちんと換算することが困難です。とはいえ、換算しないと江戸の生活は雲をつかむようでわかりません。本書では、江戸の公定価格の「一石《いっこく》は一両」を基本として、「一両を二十万円」で表記しております。

日本銀行の貨幣博物館のホームページは一時、現代の人件費で換算して一両を二十八万円として「現代の生活感覚で換算」と表記していました。

リーマン・ショックの前でしたが、そもそも日銀の統計に載るサラリーマンの人件費と江戸の人件費は異なります。江戸時代がはじまったのは、およそ四百年前。今とは住む世界も経済も異なります。大規模な流通機構や大量生産の現代人の生活様式で、江戸の物価や収入を考えるのは、とても無理な話なのです。人件費は安く、物価は高かったと思います。

そこで異論も多々ありましょうが、本書は江戸の金銭感覚の目安として、一両を二十万円としましたので、銭一文は五十円となります。湯屋は一人八文から十文なので四百円から五百円、十六文の「二八ソバ」は八百円、そのぐらいの出費になったと考えていただければ幸いです。

あくまでも、この一両＝二十万円は、江戸の暮らしを実感するための道標《みちしるべ》にすぎません。

そのくらい現代とは金銭の価値観も感覚も違っていたことを記しておきます。両があれば銭、銀、分《ぶ》などさまざまな貨幣がありました。普段の生活には銭を用いますが、銭四貫（四千文）で一両になります（江戸後期には一両＝六百文）。もちろん、銭を四千枚も持ち歩くことは不可能です。これが一分《いちぶ》金（幕末は銀）なら四枚ですみました。とくに旅では棒状の銀を持参して、小刀で切り分けて支払うなどの方法もありました。

銀一匁《もんめ》と一両の相場も時代によって大きく変化しました。金一両に対して銀は五十分の一から八十分の一の間で変動しています。

これらの貨幣単位が出てくると、ややこしさが増して、江戸時代を実感するのが難しくなります。そのため本書では「銀一匁」は一両の六十分の一で「銭六十六文」、現代のお金で換算して三千三百円としました。「一朱」は一両の十六分の一（二百五十文）です。

ただし、これらはあくまでも目安で学術的なものではありません。「一両＝二十万円」さえ、覚えておいていただければ読み進めるのに、なんら問題はありません。繰り返しますが、本書では江戸時代の生活を実感しうる手段として換算していることを記しておきます。

本書は講談社から刊行された『江戸の歴史は大正時代にねじ曲げられた』ならびに『悪代官は実はヒーローだった江戸の歴史』（一部）を大幅に加筆、書き換えをし、新原稿を追加したうえで再編集し、改題したものになります。

歪められた江戸時代——目次

第一章 歪められた歴史 汚くて浮気好きな江戸の町

第二章 歪められた歴史 リアルな江戸の生活

第三章

歪められた歴史 ブラックな江戸ルール

第四章 歪められた歴史 「金さん」「黄門様」の正体

第五章 歪められた歴史 「江戸歳時記」の虚と実

第六章 歪められた歴史 関東平野に残る江戸の暗部

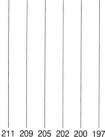

本文校正：石井三夫
帯の図版：歌川広重「するかてふ」『名所江戸百景』より
（国立国会図書館蔵）

第一章

歪められた歴史

汚くて浮気好きな江戸の町

時代劇とは違う江戸の身なりアレコレ

浪人者は時代劇の主要登場人物である。江戸前期まで浪人は「牢人」とも書かれていたほどで、公的には全国の城下、農村、漁村では「追い払い」の対象だった。ましてや大手を振って歩ける存在ではない。

とくに江戸では、浪人者は「無宿《む　しゅく》者《もの》」として町奉行に捕らえられて牢に収容されて、佐渡鉱山の水替え人足にされた。

時代劇には月代《さかやき》の髪を伸ばした浪人が当たり前に登場するが、このヘアスタイルでは無事ではすまない。月代は頭頂部の髪を剃《そ》った箇所で、月代の髪を伸ばしての外出は御法度《ご　はっと》(禁制)である。誰か江戸での身請《みう》け人がいて、人別帳《にんべつちょう》(戸籍)に入っているなら髪結床《かみゆいどこ》(現代の理髪店)で剃ることができた。

いや、剃らなければならなかった。月代の髪を伸ばし放題の者が二本差しで歩いていれば、町奉行所の同心に「おい、ちょっと待ちな」と止められる。武家には手を出せない町奉行所も、浪人は取り締まりの対象である。着物の懐《ふところ》に「懐紙《かいし》」など入れている浪人者は、余計に怪しまれた。紙は高価なもので、役を持った御家人や旗本でも、親類書き(系図、履歴書）用の紙を買うのに苦労をした。そんな高価な紙の束《たば》を浪人風情《ふぜい》で、どうして懐に入れることができるのか。しかも懐紙の使用目的は、テレビや映画の時代劇のように刀の血を拭《ぬぐ》うためではないし、浅草紙《あさくさがみ》（ちり紙）でもない。メモ帳代わりにし、急ぎの知らせなどに使うためである。浪人者が懐に入れているのは、せいぜい仕官のための古びた先祖の感状《かんじょう》（戦功証明書）か系図にすぎない。

おまけに紙は格式によって使う種類が決められていた。侍以下庶民は杉原紙《すぎはらし》を使うが、官位五位以上の人は奉書紙《ほうしょし》を用い、幕府の公用紙は檀紙《だんし》である。

懐紙は檀紙と同じ高級紙であり、月代の髪を伸ばした浪人が懐に入れていれば、たちまち町方同心の御用となるのが落ちだが、それでは時代劇も時代小説も作れなくなるほど忘れられた事実である。

実は、浪人の姿を見かけるのは江戸郊外のほうが多かった。江戸の周囲は幕領や旗本領なので、奉行所もなければ、市中巡回の定廻《じょうまわり》同心もいない。よって、かなりの数の浪人に出会う。

宝暦《ほうれき》十二年（一七六二）、相州（神奈川県）三浦郡（三浦半島）の村々の役人が集まり、次の取り決めをした。

「浪人一人につき十六文までとする。それ以上の悪ねだりをして刀を振り回す者は、隣村の百姓も駆けつけて捕らえる」

浪人が頻繁《ひんぱん》に流浪しながら「合力《ごうりき》」と称して金子《きんす》をせびったらしく、なかには支払いが少ないと白刃を抜いた浪人までいたことがわかる。そこで三浦郡の村々は、蕎麦《そば》一杯分十六文ぐらいの金を恵むことにした。たかが十六文と思っても、三浦郡は五十八カ村ある。全村廻れば、〆《しめ》て九百二十八文となる。銭四千文で一両だから、一両を二十万円と考えると四万円を超える。三浦半島は一日八里（約三十二キロ）も歩けば、二日で廻れる。日当二万円以上の稼ぎとなるので、高給取りの大工・左官の日当三百二十文と比較しても浪人稼業は悪くはない。懐《ふところ》手《で》で雪駄《せった》の底に付けた裏鉄《うらがね》をチャラチャラ鳴らして歩く素浪人は、本当は集金のため、速足でスタスタ歩いていたのかもしれない。

この稼業に目をつけて、浪人を組織化した親分が下野《しもつけ》（栃木県）にいた。自分の手下でない浪人が立ち寄らないように村々と契約して、年に二回ほど契約金の集金に配下の浪人たちが廻った。契約金は村の大小によって金三分二朱（約十七万五千円）から銭六百文（三万円）。これを分割で毎年二回、配下の浪人たちに集めさせた。数十カ村だから莫大《ばくだい》な金額となる。堅気《かたぎ》の農家から今日の「みかじめ料」を取るのだから幕府は黙っていない。天保《てんぽう》四年（一八三二）、この破廉恥《はれんち》浪人一味は捕縛《ほばく》された。驚くことに集金人の浪人の陰にいた「浪人の親分」とは、逃散した農民だった。奉行所の警戒厳重で、町人も武家に慣れている江戸市中では絶対不可能な稼業ではあった。

そもそも武家は一目でわかった。体つきが違う。子どもの頃から腰に刀を二本差すので、刀を差している側の左足が太く大きかった。佐賀鍋島《なべしま》家の侍だった大隈重信《おおくましげのぶ》の回想録によると、「明治になって初めて靴を作ったとき、右と左でサイズが違って驚いた」とある。廃刀令後の元侍は、左の腰が軽くて重心を失い、歩くと左腰が浮き上がる妙な感覚に悩まされたという。年配の強者《つわもの》は、鉄の棒など腰に差して歩いたほどだ。身分制は体つきまで変え、動作も変えたのである。

話が身なりからそれたが、ともかく江戸時代は外見が重要で、頭のてっぺんから足の先まで細かい規則があった。

武家の場合は、羽織袴《はおりはかま》の常の姿でも懐に手拭《てぬぐい》を入れてずんずん歩いているときは、道をゆずるしかない。懐に手拭を入れるのは、公用で仕事をしにいく姿で、うっかり声もかけられない。手拭を懐にグイと入れるのは町方の祭りのときの若衆もそうで、揃《そろ》いの半纏《はんてん》、股引《ももひき》に長い手拭をグイと懐に入れた。宮神輿《みやみこし》を担ぎ、神輿警護の山車《だし》を引く氏神《うじがみ》様の公用だからである。今も祭りの寄付の御礼が手拭の理由が、ここにある。

手拭は便利なもので、これをかぶると身分がわからなくなる。というのも、江戸時代は髪の結い方で身分が明らかだから、ほっかむりや御高祖頭巾《おこそずきん》は(袖《そで》の形をした頭巾)、髪形(身分)を隠す。見るほうもほっかむりや頭巾を着けている人物は、遠慮して見えないふりをした。詮索は厳禁だった。

手拭の他に身に着けたものに扇子《せんす》がある。武家も町人も帯に差した。これは暑いからといって顔をあおぐものではない。暑くてあおぐときは、扇子を三分の一から半分ほど開いて、対面している人に見られないように、顔をうつむけて横を向き、コチョコチョとやった。扇子を全部開いてあおぐなど、無礼かつ神をも恐れぬ行為である。

外出時は帯に差しておくが、屋内に入ると手に持たなければならない。座敷に座ったら、前方に置く。儀式のときには手にする。これを「構え」という。今でも結婚式の写真撮影などで、和装の花嫁は扇子を手に構えるが、もとは男性も同じだった。

老中は江戸城の「御用部屋」で書類を渡すとき、扇子に挟んで渡した。神聖な道具で呪《じゅ》術《じゅっ》的除菌具でもあったのである。

おサムライは「中央通行?」

江戸っ子となれば、黒羽織が通れば御徒《おかち》（徒歩の御家人）と、ひと目で見抜いた。その羽織紐《ひも》も黒なら御小人《おこびと》（足軽）で、こちらは「黒ッ羽織」と呼ばれて、見世物や茶店のたかりで知られていたので蛇蝎《だかつ》のごとく嫌われた。

浅葱色《あさぎいろ》（薄い藍《あい》色）の羽織は諸国からの勤番者で、これは金もなく、初めての江戸を観光して歩いているような存在なので、茶屋娘からも馬鹿にされた。庶民の乗る辻駕籠《つじかご》ですら、乗ったら最後、勤番者は駕籠屋のカモにされ、屋敷が近すぎるとその周囲を一〜二回回って倍の料金を取られたものだ。

やはり、粗末な羽織でも大刀を水平に差す侍は、丁重に扱われた。抜刀術の盛んな水戸《みと》徳川家の家臣だからである。

そうした往来の道端《みちばた》で、掃《は》き溜《だ》めの砂をしゃがみ込んで漁《あさ》る男たちがいた。赤地に丸の輪の法被《はっぴ》を着た伊予松山（愛媛県）十五万石松平《まつだいら》隠岐守《おきのかみ》の中間《ちゅうげん》（侍と雑役する小者《こもの》の間の身分の奉公人）である。給金のすべてを飲んでしまう連中で、掃き溜めから折れ釘を拾い、それを売って、なお酒代にしようというのだ。

ところで、往来の風景は時代劇とは大いに違う。江戸の道路は右側通行でもなければ、左側通行でもない。

ひとことでいうなら、武家のみ「中央通行」である。

武家は一人で歩くことはなく、必ず中間に挟箱《はさみばこ》（外出時の物入れ）を担がせるなどして、従者を連れていた。旗本であろうと供揃《ともぞろえ》を従えた大名であろうと道の真ん中を通る。

町人は道を通る将軍、御三家《ごさんけ》、御三卿《ごさんきょう》ぐらいには土下座をしたが、それ以外は、道の左右に避けるだけですませた。

ただし、武家が上司と出会ったときは、小走りに上司へ歩み寄り、地面に片膝《かたひざ》を付けて挨拶《あいさつ》した。商人同士の出会いは立ったままの挨拶で、背中を伸ばしたまま腰を曲げ、両手を膝《ひざ》のあたりで揃える。この作法は今も変わらない。上位の者が立ち去るまで、自分は立ち止まっているが、見送ってはならない。上位者に背中を向けて、そのまま歩き出すのが江戸の作法である。

特徴ある歩き方をしたのは、「御目付《おめつけ》」（幕府の職名の頭にはすべて御がつく）だった。これは道の真ん中を真っすぐに歩くだけでなく、曲がり角になると、クルリと直角に曲がる。旗本や登城中の大名を取り締まる御目付の四角四面な職務は、日常の歩き方にまで反映させなければならなかった。

糞尿の悪臭漂う町内

江戸市中は乗馬禁止、街頭喫煙禁止なので、ぶらぶら歩いている者はいない。全員が足早に目的地に向かって歩く。立ち話などもできるような状態ではない。

ぶらぶら歩くのは物売りくらいなので、「植木、植木」と各種の物売りの声がのどかに聞こえた。江戸の懐かしい「音の風景」で知られる。

それに混じってときおり、「肥《こえ》、取ろう。肥、取ろう」と下肥《しもごえ》を求めて汲《く》み取りの行商の声があった。汲み取りを終えると、天秤《てんびん》の両端に満杯の桶《おけ》を揺らせて、杓《しゃく》を手に歩く。足取りのリズムとともに小声で、「ハイ、糞《くそ》だ。ハイ、糞だ。ハイ、糞だ」の声に変わる。

こういう情景は時代劇にも時代小説にも出てこない。通りを歩いていて江戸っ子が避けるのは、武士の抜き身と肥取りだけである。「糞取り」と「糞」が江戸語である。

江戸市中を出ると、歩行中の喫煙も許され、立ち話も可能になる。のどかな田園地帯が広がり、花の名所なども江戸郊外には点在しているので、物見遊山《ものみゆさん》の遊楽客も多い。それを道端に避けて、煙管《きせる》でもふかしながら立ち話をしていると、天秤棒に桶をぶら下げて担ぎながら、「ハイ、糞だ。ハイ、糞だ」とかけ声をかけて、下肥を畑に運ぶ農民もいた。

時代劇の最終回などで、若い男女が旅立つとき、彼らを主人公たちが見送る田園風景が登場する。江戸郊外の草花が咲くのどかな景色を背に「お武家様、お世話になりました」「おう、達者でな」と定番のシーンが展開するが、その背後を行き来する「ハイ、糞だ。ハイ、糞だ」の声も姿も出てこない。

江戸中期の享保《きょうほう》年間（一七一六〜三六）に江戸の人口は百万人を超えたといわれる。それらの人々の排泄物《はいせつぶつ》は一日一人八合（約一・四リットル）として、年間では約二百九十二万石（約五億一千百万リットル）になる。これを広大な江戸周囲の農村で肥料（下肥）として利用したので、「江戸の持続可能性社会」と絶賛される。

それには苦労をともなう。江戸の川柳《せんりゅう》に「肥取りは抜身《ぬきみ》のように怖がらせ」とあるほどで、うっかりすると肥杓に着物を汚されたりした。それでも文句は言えなかったようだ。

しかも大八車《だいはちぐるま》や馬に満載した肥樽《こえだる》から、「黄金水《おうごんすい》」がポチャポチャ音を立てて「汁こぼし」となる。そのこぼれた汁が、表通りでは乾いて砂塵《さじん》とともに目に入った。江戸に目の疾病《しっぺい》が多かった原因ともいわれる。しかも裏長屋では、日当たり、風通しも悪いので、湿ったままで臭気を放ち続ける。農村は環境にやさしい《サスティナブルな》肥料の臭いが鼻をつく。江戸が誇るリサイクルにも問題点はあった。

糞尿《ふんにょう》事情は江戸だけではなくどこの城下も同じだった。岡山城下では糞桶《くそおけ》をゆらゆらさせながら往来のど真ん中を歩くこと、汲み取りの仲間が糞桶を往来筋に置いて寄り集まって談じることを禁じた。寛政《かんせい》元年（一七八九）正月早々のことだ。その光景が目に余るほど多かったからに違いない。

文政《ぶんせい》三年（一八二〇）から同十二年まで在日したオランダ商館員のフィッセルは、江戸参府の途中で出会う風景を次のように記している。

「旅行者にとって何が不愉快だといって、肥料が施《ほどこ》されたばかりの畑地の悪臭、絶えず畑に運んでいくために溜《た》めておく下肥、とりわけ村の家々のそばに置いてある下肥の山や肥溜めの悪臭ほど不愉快なものは他にない」（フィッセル『日本風俗備考』）

もし、テレビから臭いが出るのならば、およそ食事時に時代劇なんて見ることができない。それが江戸の日常風景だ。

床屋さんはスパイだった

江戸時代は武家も町人も月代を剃っていたが、女性には絶対に剃らせなかった。時代考証に忠実といわれる映画や小説でも、妻が夫の月代を剃り、髪を結う場面が出てくるが、これは絶対にあり得ない。武士は自分で月代を剃るように訓練されていたほどである。

町方与力・同心は日参する髪結床に月代を剃ってもらう。これを「日髪日剃《ひがみひぞり》」といい、彼らの特権だった。法令で一つの町に一軒は髪結床が置かれており、髪結は町内が費用を出す町抱えの公務員でもある。町内の人の髪を結い、月代を剃る。それと同時に、町内の人物監視役を兼ねていた。そのため町内の重要な行事には立ち会い、結婚などの「ひろめ」があると祝儀をもらう権利もあった。

月代の髪が伸びた男は浪人か逃亡者で、髪結の証人がいないと無宿者として町奉行所の手で捕縛《ほばく》される恐れさえある。後世伝承されたところでは、髪結はスリも監視していて、その髷《まげ》の元結《もとゆい》（髷を束ねた紐《ひも》）を一本で締めた。それはスリの目印で、スリの被害にあった者は、髪結に相談すれば、金で解決できたという。

旅行者も旅行手形（檀那寺《だんなでら》が発行する身分証明書「寺請証文」）を提示しなければ、旅先で髪結床を利用することはできなかった。余談だが、檀那寺は菩提寺《ぼだいじ》のことで、江戸時代は武士・庶民とも制度として檀那寺を持つ必要があった。

髪結はそれほど町の治安維持の役割を担っていたので、町奉行所の付近に火災があった場合は、奉行所に駆け付けて書類を持ち出す義務があり、そのため非常通行証である木の鑑札《かんさつ》と提灯《ちょうちん》が与えられていた。

滑稽本《こっけいぼん》で知られる式亭三馬《しきていさんば》の『浮世床《うきよどこ》』では、客の面白おかしい会話のなかで、髪結は無口で静かだが、町内の人々の性格までも知り抜いていたことが描かれている。こうした髪結の任務は、明治以降はなくなったと思うが、私が子どもの頃まで、床屋（理髪店）は町内に一つはあったもので、事情通でもあった。江戸の名残《なごり》だったのかもしれない。

初期の江戸は諸国の人の吹き溜まりだから、治安維持のための監視網は思わぬところまで広がっていた。髪結だけではなかったのである。

江戸城の天下普請《てんかぶしん》で膨大な数の男たちを集めたが、それを目当てにし、ここかしこに遊女屋も出現した。慶長《けいちょう》十年（一六〇五）頃、二代将軍秀忠《ひでただ》は娼婦《しょうふ》百余人を箱根以西に追放したが、むしろ、徳川家康はそのまま遊女を江戸に置いて利用することを指図した。小田原北条家浪人の庄司甚内《しょうじじんない》の提案を受け入れたからである。甚内は公許の遊廓設置が必要な理由を次のように提唱していた。

●家業を怠《おこた》り浪費する者を遊女は何日も泊める。

●遊女の家は浪人その他の不穏分子の溜まり場になる。
●人身売買、誘拐など不埒な遊女稼業の者がいる。

これらを一掃するために、公許の遊廓の設置を願いたいというもので、これがのちの吉《よし》原《わら》となる。庄司甚内の提案と幕府のもくろみによる吉原設置は、放蕩《ほうとう》男の身代を潰《つぶ》し、不穏分子を監視し、女性の人身売買、誘拐などを防ぐためのものだった。

庄司甚内は小田原北条氏の浪人とあるが（滝川政次郎『池塘春草』）、たしかに吉原には相州「三浦」の土地名がついた三浦屋があり、名妓《めいぎ》の紺屋《こうや》高尾《たかお》の出自は、記録とは別に相州浦賀紺屋町（神奈川県横須賀市）あるいは近くの葉《は》山町《やままち》出身との伝承もある。吉原太夫《たゆう》の気《き》位《ぐらい》の高さは、敗北した小田原北条氏の武家の娘や、浦賀にはキリシタンの教会堂があったのでキリシタン武士の娘などがいたからかもしれない。

いずれにしても、吉原は謀《む》反者《ほんもの》を探索する場所でもあった。

諸国の女性が集まる吉原では言葉も工夫された。関東訛《なま》りの「べーべー」言葉では色ごとのさいに興ざめするので、「あります」が「ありんす」となり、廓《くるわ》言葉を使う仮想の恋愛の場となった。

吉原の太夫は、女性として最高に洗練された教養、技芸の持ち主だったので、その風俗は流行の先端となり、一般にも普及した。それが今でも女性の丁寧な挨拶とされている、「三つ指をついての挨拶」だ。

これは吉原太夫がはじめた。髪を簪《かんざし》で飾り立てているので頭が重く、平伏できないので背中を丸めて三つ指を付いた。武家礼法の小笠原流や伊勢流ともに頭を下げるとき、背中を曲げるのは厳禁である。それなのに明治になって民間の作法の先生が誤解し、いつしか婦人の礼法として今日に残った。本来の丁寧なお辞儀は、手のひら全部を床に付ける。

家計を支えた「つゆ稼ぎ」に「ジゴク」?

「隣は何をする人ぞ」という都会の人間砂漠は、すでに江戸で見ることができる。江戸も末期に近い天保十四年（一八四三）の調べでは、町方人口の三割は江戸以外で生まれている。

その翌年の芝神谷町《しばかみやちょう》（東京都港区）の「裏店《うらだな》（裏長屋）」の一角は十七世帯あったが、五年後には十四世帯が転居していた。五年で八割が入れ替わったことになる。気の知れた仲などになれるわけがない。

江戸の長屋暮らしといってもピンからキリまであり、表通りに面する米屋や酒屋などの「表店」と、表通りに面していない路地裏や商家の裏側を裏店と呼ぶ。裏店の建物には入り口が裏表にある「割長屋」と、裏のみ入り口がある「棟割長屋《むねわり》」があった。

これらには家賃の差があり、文政年間（一八一八〜三〇）で、棟割長屋は三百文、これを現在の貨幣価値で換算すると、当時の一文は五十円と試算したので、家賃は一万五千円となる。割長屋は四百文なので、二万円。風通しの良さ、音の静かさだけで、三割近く高くなる。表店となると、割長屋の五倍から十倍になったというから、十万円から二十万円程度の家賃を払う能力がなければならない。

これだけ家賃の差があれば、当然、階級も違うようなもので、そうそう親しくなれるものではない。江戸の人情といっても薄っぺらなところがある。

裏長屋は、江戸の底辺で生きる落語の熊さん八っあんの世界だが、「九尺二間に戸が一枚」といい、間口が九尺（約二・七メートル）で奥行二間《けん》（約三・六メートル）しかない。畳《たたみ》六畳《じょう》ほどの広さで入り口に狭い土間があり、そこに水がめと竈《かまど》を置き、台所とした。

寝起きする空間は四畳半しかなく、ここに夫婦と子ども二人の四人が寝起きすることもある。一般的には夫婦二人か、ひとり者の男が住んでいた。隣の家とは板壁一枚の仕切りだけであり、あらゆる音が筒抜けだった。

裏長屋の住民は、雨が降るとほぼ仕事にならず、低所得階層でもあり、米屋も酒屋も後払いの「掛け売り」をしてくれない。

魚や野菜を天秤棒で担いで売る棒手振《ぼてふり》は、その日の利益は、四百五十文から五百文(一万二千五百円から一万五千円)程度だが、エンゲル係数が高いこの時代、そのうち米代と醤油《しょうゆ》代に二百五十文(一万二千五百円)消えるので、事実上、一万円程度の収入となる。

そこから子どもの小遣いとか、自分の酒代、家賃のための積み立てなどを差し引くと数千円しか残らない(文政年間の江戸庶民の生活を著した栗原柳庵の『文政年間漫録』を参照)。しかも雨が降ると収入ゼロだから、生活は綱渡りとなった。

梅雨《つゆ》や秋の長雨でもやってくると、たちまち収入が途絶《とだ》えてしまい、米も買えなくなる。そんなときは、長屋の女房連中が町に出て「つゆ稼ぎ」をした。

つゆ稼ぎとは、「梅雨《つゆ》稼ぎ」と「露稼ぎ」「汁稼ぎ」をかけた言葉だろう。つまり、男の袖を引いて、稼いでくる。当時、闇に紛《まぎ》れて出没する怪しげな売春婦の「夜鷹《よたか》」は、一回三十文前後(約千五百円)なので、この相場よりも少しは高かったかもしれない。この女房のつゆ稼ぎで、子どもの食事代ぐらいは間に合わせたという。

これは何も裏店の住民だけの現実ではない。微禄の御家人なども、生活苦から雨も降らないのに、妻がつゆ稼ぎに出た。なかには妻のつゆ稼ぎで生活している御家人さえいた。

御家人の妻ともなれば家筋も器量もいいので、そういう女性のことを、「ジゴク」と呼んだ。ジゴクと書いても、実は地獄のことではなく「地女《じおんな》の極上《ごくじょう》」の略である。地女とは、遊女に対して「町屋の素人女《しろうと》」の意味で、御家人の妻は身分を隠して、つゆ稼ぎをした。地女の極上だから、それなりの値段がしたに違いない。こうした素人女の集まる場所が裏長屋だった。家主《やぬし》の監視を潜《くぐ》っての地獄宿は、そうとう危険な商売ではあった。

そんなわけで、幕末の江戸は売春の大市場となった。

男女の比率が同一になった幕末、ペリーに随行してから在日公使館勤務の長いポートマン書記官は、来日したシュリーマン（ギリシア神話に登場する伝説の都「トロイア」遺跡の発見者）に、「江戸の娼婦は十万人」と語っている。たぶん、つゆ稼ぎも含む数と思われる。

その結果だろう。梅毒などの性病が蔓延《まんえん》していたようで、「女性の半分は生涯のなんらかの時期に、子どもの四分の一は出生時にそれに罹《かか》っている」とアメリカ公使館は本国に報告している。また、英国公使館員のオリファントも梅毒について次の報告をした。

「遊女は一般に二十五歳で解放されるが、たいていは妓楼《ぎろう》から借金を負うはめに陥《おちい》り、契約期間よりも長く勤めることが多い。彼女らの三分の一は、奉公期限が切れぬうちに梅毒、その他の病気で死亡する。梅毒は田舎《いなか》では稀《まれ》だが、都市では三十歳の男の三分の一がそれに侵されている」

江戸の都市部では、品行方正の男女のみに長寿が許された。「老人問題」が発生する余地がないほど梅毒が猛威を振るっていたのである。ちなみにオリファントの母国の英国では、娼婦で二十五歳まで生き延びるのは十一人のうち一人にも満たないし、彼女たちの四分の一が毎年死んでいる。

江戸のびっくりDNA鑑定法

江戸は八代将軍徳川吉宗《よしむね》の享保年間まで、人口における男女比は男性三人に女性一人の「女不足」だった。裏店暮らしでも、女性と同棲生活などできれば上出来である。

よほどのイケメンか、能力のありそうな男が、「ひとり口で食えなくとも所帯を持てばなんとかなる」と踏んで、「手鍋《てなべ》下げても」と貧乏覚悟の女性と合意すると、それを長屋の差配をする大家《おおや》さんに承諾してもらう。これでやっと同棲オーケーとなり、大家さんの指図《さしず》で隣近所にささやかな「ひろめ」をすれば夫婦となる。

米も味噌《みそ》も掛け売りはしてくれないから、頼れるのはご近所だけである。何か足りないものがあると隣に行って、「ちょいと貸してくれや」「あいよ」ですませた。別に利子もつかないが、その代わり貸した者の立場が強くなるのは、将軍・大名と豪商、そして裏店でも同じである。立場の強弱が賃貸関係の利子かもしれない。

そこで今度は、いつも貸しているほうが言う。「おい、カカアをちょっと貸せ。減るもんじゃあるまい」と。現代では考えられないことだが、そこで「あいよ」ということになる。「女日照《おんなひで》り」の裏店では減るものじゃないから、女性は公的存在もしくは共有物みたいな側面があった。確かに減りはしないが、逆に増える。妊娠するからだ。そこで問題になるのが父親は誰かということである。

一応、父親を判定する方法はあった。出産時の赤ん坊は、胞衣《えな》に父親の家紋が入っている、と江戸っ子は信じていた。胞衣は胎児を包んでいた膜と胎盤《たいばん》だから、血まみれである。そこで胞衣にある家紋を探すのだが、どの角度から見ても、家紋などグシャグシャで見えるわけはない。それが江戸っ子には家紋がたくさん散らされているように見えて、父親の家紋は複数と判定される。

そうなると、子どもは「紋散らし」と呼ばれて、身に覚えのある男たちが協力して養育する。乏しい金を出し合って、複数の男たちが父親の扶養義務を果たさなければならない。タダほど高いものはない。

紋散らしの子どもは、複数の父親みたいな親切なおじさんにかわいがられて育つ。町内の若い者の相互扶助である。「長屋の人情は厚い」というけれど、その厚さのなかには、こういう凄《すさ》まじい現実が含まれていたのだ。

男たちが浮世絵好きだった理由

江戸は武家の町なので、諸侯の屋敷に奥女中がいても外には出ない。江戸で一旗揚げようと地方から出てきた男も多く、先に述べたように男女比は三対一だった。これが同率になるのは、幕末のことである。

女日照りの町なので、遊廓が繁盛《はんじょう》したのはいうまでもないが、その遊廓を訪れる金もない男たちのために「浮世絵」が誕生した。

浮世絵は別名を江戸絵と称する。それ以前の絵画や絵本の中心は京都だが、江戸で誕生した浮世絵の特徴は、「悪所《あくしょ》」と呼ばれた遊廓や芝居など享楽の世界を描いたことにある。

文字通り浮世（俗世）の好色な絵で、最初の浮世絵師と呼ばれる菱川師宣《ひしかわもろのぶ》（一六六一？〜

一六九四）は、安房《あわ》（千葉県）保田《やすだ》に生まれた。万治《まんじ》・寛文《かんぶん》年間（一六五八〜一六七三）に江戸で挿絵画家の群に加わり、版画で「遊里（遊女のいる場所）」と芝居町を描き、肉筆の春画（性風俗が題材の浮世絵）を描いて評判となった。これがきっかけとなり、江戸の浮世絵は流行した。

その形式や画家については省略するが、浮世絵の版元に限っては江戸が中心だったので、おのずとその用途は知れてくる。

近年、英国の研究者タイモン・スクリーチが浮世絵（春画）を「片手で読む江戸の絵」とズバリ指摘して日本の浮世絵学会に衝撃を与えた。

ある浮世絵に一人の男が丸めた蒲団《ふとん》を抱きしめて、その顔の部分に美人画を貼り付けている場面があり、これが浮世絵の用途を物語っているという。

女日照りで、どうにもやりきれない男は、浮世絵を求めたのだろう。用途は今日のポルノグラフィーである。

江戸の勤番侍も帰国に際して江戸土産《みやげ》に浮世絵を買い、上級武士の間では肉筆の高級な浮世絵が贈答に用いられた。菱川師宣には「見返り美人図」という名画があり、この場合は、今日のグラビアアイドルのポスターのように受け取られていたのだろう。

浮世絵は、江戸人でなければ、そのエロチシズムを読み取るのは難しい。女性の表情、足の指先の表現で性感を読み取る。波打つ着物は女性の肉体の震《ふる》えを表現し、流れる着物の裾《すそ》の描写はとろけるような交合の快美を意味する。

とくに江戸人の場合は、エロチシズムについての感覚が今日とは異なり、女性の着物の柄《がら》でも春情（色気）をもよおしたりした。花柄も椿《つばき》は花弁が落ちることから処女喪失を意味し、牡丹《ぼたん》は成熟した美女といろいろある。

幕末勤皇の志士として知られる武市半平太《たけちはんぺいた》は、ときおり女性の着物を着る趣味があったというが、それは女装趣味でも性同一性障害でもなく、女性の着物に言い知れぬ美とエロチシズムを感じたからだろう。

最下級の御家人の新婚夫婦でも、部屋の中には衣桁《いこう》という衣紋《えもん》掛けがあり、そこに女性の着物を広げて掛けてあった。テレビの時代劇でもときおり見かけるが、それはインテリアであり、それもなまめかしいインテリアだった。

女性の晴れ着は、基本的に畳の上で艶《つや》やかに映《は》えるようにデザインされていたため、室内でひときわ精彩を放った。インテリアとなり得た由縁である。

最高級の着物は金襴緞子《きんらんどんす》や絹織物だったのは、薄暗い室内の照明でも照り輝き、その柔らかな手触りの絹は、女性の体の動きをしなやかに表現したからである。

春画や春本（現在のエロ本）は幕末になると、巷《ちまた》に氾濫《はんらん》しており、どの店でも堂々と飾られた。

駐日公使のオールコックはヴィクトリア主教への贈物の包み紙に春画が混ざっているのを発見して困惑したという。

来日したプロイセン海軍のヴェルナーの証言によれば、春画・春本のみではない。何しろ子ども用の絵本にも春画があった。

「絵画、彫刻で示される猥褻《わいせつ》な品物が、おもちゃとしてどこの店にも堂々と飾られている。これらの品物を父は娘に、母は息子に、そして兄は妹に買ってゆく。十歳の子どもでもすでに、ヨーロッパでは老貴婦人がほとんど知らないような性愛のすべての秘密となじみになっている」（ヴェルナー『エルベ号艦長幕末記』）

外国人の観察記録を読むと、江戸の春画や春本の根源にあるものがわかる。オーストリア外交官のヒューブナーは、小田原城下で砂絵師と見物人の姿を記録している。砂絵師は装飾模様やら花鳥を次々と描いて見せたが、最後に「見物人の笑い声に包まれて」見事な春画を描くと、婦人や少女は「欣喜《きんき》雀躍《じゃくやく》した」と書き留めている。風俗取り締まりが強化された明治四年（一八七二）でもこのありさまなので、江戸時代はもっと解剖学教室や婦人科でしか見ることができないものが世間に出回っていたのは間違いない。

江戸の町は不倫三昧

江戸時代の人々の性感覚は、今日から想像するのは難しい。男にとって妻は子孫を残す相手であり、遊女は恋愛相手だった。江戸の中期後半まで性は子孫繁栄と遊びとに峻別《しゅんべつ》されていたのである。

だから、恋愛情緒を楽しむために吉原の太夫《たゆう》（最高級の遊女）のもとへ足を運んでも、初回は盃《さかずき》を交《か》わすだけで三十両から四十両、二度目は「裏を返す」と称して、少し近寄って盃を交わし、再度三十両から四十両、そして三度目にやっと御床入り。合計九十両から百二十両、一両二十万円で換算すると、千八百万円から二千四百万円もの大金を払い、その間、恋文のやりとりなどして恋愛ごっこに浸《ひた》った。

もちろん、吉原遊女三千人のなかには、もっと手軽な値段の女性もいたが、吉原は恋愛情緒や性の遊びをする場所で、それは家庭ではできないことだった。

江戸も後期になると夫婦間の性にも遊びの要素が持ち込まれたため、対抗すべく吉原は遊女の値段を下げ、交合まで手続きが長くて高い太夫を廃し、一ランク下の花魁《おいらん》に変え、苦しい経営を続けた。

吉原を象徴する逸話がある。

江戸勤番を終えて帰国直前の佐賀の鍋島《なべしま》家中の侍たちが、「江戸の土産話に吉原に行こう」となった。多くの侍は同意したが、一人だけが首を横に振り、腕組みして苦悩の表情を浮かべて言う。

「わしは国を立つとき、妻に吉原に行くとは言ってはおかなんだ。言っておったなら問題はないのだが、言わなんだのに行くとなると『夫婦の義理』が立たぬ」

夫婦にも義理があり、義理さえ立てば吉原行きも許された。

「悋気《りんき》（嫉妬《しっと》）は女の慎むところ、疝気《せんき》（下腹部痛の総称）は男の苦しむところ」とは落語の言葉だが、幕府公認の吉原とは、そういう場所だった。妻への義理さえ立てば、妻は悋気を起こさない。朝帰りと妾《めかけ》は男の甲斐性《かいしょう》の時代である。

あの才能溢れる御家人で数々の狂歌と随筆を後世に残した大田南畝《おおたなんぽ》は、吉原の三穂崎《みほさき》花魁を落籍（身請《みう》け）して、妻妾《さいしょう》同居の生活をしていた。それを世間は当然のことと思い、誰も批判めいた目を向けなかったのが江戸時代である。

滝沢馬琴《たきざわばきん》は、御家人でもあった大田南畝を非難しているが、それは死亡届を三年も遅らせた遺族が、その三年間分の俸禄を不正受給していたからであり、妻妾同居には一つも批判をしていない。馬琴からして、年老いて失明してからは、息子の嫁に口述筆記をさせたが、その嫁と通じていたとの説もある。これとて、仮に息子が問題視しても「親への不忠・不義」と逆に難詰《なんきつ》される。

まったく今日の倫理観とは異なるのである。

だからといって、女性は一方的に忍従を強《し》いられていたわけではない。

武家は別として、「農・工・商」の場合は、日本古来の伝統的な民俗を引き継いで、自由を満喫していた。物見遊山、信心、芝居などを口実にして、陰間《かげま》（男娼《だんしょう》）茶屋に通ったり、男性を囲ったり、女性グループの観光旅行でも性的享楽を大いに満喫した。六千石の大旗本の夫人が吉原の花魁をあげた記録もある。

大和《やまと》（奈良県）・紀伊半島の山中には、次のような風習があった。

「雑魚寝《ざこね》という風習があり、村中の人妻や娘や下男下女から旅人にいたるまで、誰であろうと人を選ばず、いきがかり上、縁があれば男女が寝る場所を同じくし性的交わりまで持つ。そのうえ人目をはばからないから嫉妬の感情とは無縁で、この村では昔から色欲がらみの争いで命を失う者などいなかったという。そのためか、ここには京都や大坂より多くの人がやってきて、山中にある土地なのにいつも賑やかなものである」（植村政勝『本朝奇跡談』）

一村挙げて遊廓みたいなもので、嘘話《うそ》に思えるが、れっきとした事実である。著者の植村政勝は、八代将軍吉宗の駒場薬園で栽培する薬草を求めて、全国を二十年以上も旅した本草学者だった。この話は九代将軍に言上したもので、村の名前も明確に記している。江戸の人々は性の倫理観が今日と異なる文化に住んでいた。

今の時代にホストクラブなどが人気なのは、日本古来の伝統だからかもしれない。

江戸時代の夫婦の「不倫」とは、それに値する義務を果たさなかった場合をいう。なかには、離縁した妻の持参金を返さないなど、金銭の対価も含まれる。

今日的な意味で不倫を用いると、江戸時代の人は暇さえあれば、不倫に奔走していたことになってしまう。

意味も発音も味わいある江戸語

江戸の言葉には、現在とは発音が異なるものや意外な意味を持つものが多々ある。数えはじめるときりがないが、ここでいくつか紹介してみよう。

●十手：「ジッテ」が江戸での正しい発音。十銭も「ジッセン」。

●髪結床：発音は「カミィドコ」。江戸っ子は語中の子音に続く「ユ」の発音が苦手《にがて》だった。

●真っすぐ：発音は「マッツグ」。

●雪：発音は「ヨキ」。ユとイの発音の区別がつかない。「行く」を「ゆく」、「動く」を「イゴク」と発音した。

●接吻（くちつけ）：「クチヅケ」と濁《にご》って発音する。逢引（あいひき）は「アイビキ」になる。そのくせ、初恋（はつごひ）は「ハツコイ」と濁らないのは、女日照りの江戸っ子の純情ゆえか？

●ふんばり：勇み肌の男が女房を罵倒する卑語。

●山水：「サンスイ」と読む。江戸の奴《やっこ》言葉（中間などが使う荒々しい言葉）で「さみしい」の意味。今どきの若者語とチャンポンにすると、「夜中、山水になって、涙もろ破裂」などとなる？

●小便‥江戸の商店で隠語として使われた。買い物をしない客のことを指す。なぜ、小便なのか？　江戸の糞は農民が買ったが、小便は肥料にはならないので買わなかった。糞と小便は別に溜めておかないと、農民は「混じりがある」として、一方的に売買を破棄した。これを「商変」といった。そこから、買い物をするようでいて、一方的に買うのをやめる者、やめそうな者のことを商変と呼び、江戸弁で小便になった。さんざん試着して、「やっぱり、やめとくわ」が小便である。

●ヒラメ‥漢字で書けば「平目」。カレイ（鰈）と比較されて、目玉の位置で「左平目と右カレイ」などといわれるが、カレイは上方《かみがた》語で、江戸弁では平目。したがって、江戸前の料理屋では、本来、カレイと名のつくものは出ない。平目のみである。

●栗よりうまい十三里‥焼き芋（薩摩芋《さつまいも》）のことだが、正しくは「九里四里うまい十三里」。九里と四里を足すと十三里となり、江戸から十三里の川越《かわごえ》（埼玉県）の薩摩芋のことを指す。九里と栗、よりと四里を掛け言葉にしている。

●味噌な‥語源不明だが、「味噌気」とは「自慢げ」の意味。そこから「生意気な」という意味に派生した。川柳集の『誹風柳多留《はいふうやなぎだる》』に「日和見《ひよりみ》の味噌気で傘を下げて出る」とある。今に残る「手前味噌」と同様の意味。

●ワケあり：忘れられかけている意味の言葉。また「何か特別な事情がありそうなこと」（『広辞苑』）と説明されているが、「ワケあり」とは、そのものズバリ、男女の性的関係のある仲も指す。そうとは知らずに、男同士を指して、「あの二人、ちょっとワケありでさ」なんて言うと、大変な誤解につながる。
●松の葉：これは女性言葉で、古くより贈り物には必ず花を添えた。松葉を添えるのは「寸志」の意味。
●ちょっくら：今でも「ちょっくら出かけてくるか」とか「ちょっくらちょいとはいかない」と使うが、江戸の「ちょっくら」とは「こそどろ的なこと」の意味。
●つぼい：花の蕾《つぼみ》に由来するらしい。江戸弁で「かわいい」の意味。「つぼい黒目がたまんねえ」などと使う。
●鮨な人：握り鮨ではなく「なれ鮨」に由来。したがって古い言葉で、主に遊里で使われた。気持ちが練れた熟成した人のこと。
●このタコ：江戸の悪口。御家人なら御目見以下、下でも、イカなら足が十本ある。タコは他侯のことで、殿様でもタコなら足がイカ（御目見以下）より少ない八本。それで幕臣以外の大名家臣を馬鹿にしてタコと称した。

●夜鷹：「ヨタカ」と読む。夜になると仮小屋を作り、川の土手や橋の下などで体を売った遊女。夜に餌《えさ》を狙う鳥に由来する。江戸では暖かい月夜を夜鷹と遊ぶのに最適と考え、「夜鷹日和《びより》」などと呼んでいた。闇に乗じて六十歳ぐらいの夜鷹も珍しくなかったので、月明かりの「夜鷹日和」であることは重要だった。

●越前：蟹《かに》のことではない。包茎《ほうけい》のこと。越前《えちぜん》（福井県）松平家の行列は、その槍の穂先に毛皮をかぶせていることで知られ、皮をかぶっているから包茎の意味となった。「越前にてソウロウ、早くてゴメン」などと、ふざけて言ったのかもしれない。川路聖謨《かわじとしあきら》が奈良奉行だった頃、下僚との会話で使っている。

●船饅頭《ふなまんじゅう》：江戸は水路が巡らされた水上都市であり、船中で売春をする女性もいて、彼女たちを指した。船で食う饅頭の洒落《しゃれ》で、夜鷹より少し高い。船饅頭は夜鷹の天敵だった。

●須利（スリ）：巾着切りとも呼ばれたが、伝統的に江戸では「須利」と呼んだ。スリの語源は梵語《ぼんご》で「盗人《ぬすっと》」のこと。仏教用語だが、江戸では当初、職人の分類に入った。スラれるのは武士の不覚によるからである。

古着が当たり前の生活

江戸時代全体を通じて、古着《ふるぎ》は一般的な着物だった。代表的な古着屋街は今も中央区に富沢町《とみざわちょう》として名が残る。家康に滅ぼされた小田原北条氏の旧臣・富沢（鳶沢《とびさわ》とも）陣内という男が大泥棒となって、江戸を荒らした。

ついに捕らえられて処刑されるところを、富沢陣内の人柄を見込んだ家康は、罪を許す代わりに、陣内の子分が稼いだ盗品の着物や繊維製品を市場で流通させる業務の責任者とした。古着屋の元締めとなった富沢陣内は、盗品の管理、流通に励んだ。もちろん、盗人は通報されたに違いない。

古着の値段は、幕府の官給品である御家人の羽織だと黒が羊羹《ようかん》色になっても染め直すと使えるので、銀一匁《もんめ》（一両の六十分の一）になった。一両二十万円とするなら、三千円ほどとなる。売るときには倍以上になったとされるので、現在ならば七千円近くになるのだろう。

ついでに書けば、古着の仕入れ先のお得意は寺である。亡くなった人の衣装は、寺に納められたが、寺に蔵があるわけでもなく、古着屋に売られた。有名なところでは、赤穂《あこう》浅野家菩提寺の高輪泉岳寺《たかなわせんがくじ》で、討ち入り後の四十七士が武具を納めた。四十七士の切腹後に遺族が形見として武具の返還を求めたら、すべて売り払われており、大問題となった。寺院は三途《さんず》の川の「奪衣婆《だつえば》」みたいなことをしていたのだ。

さらに古着は江戸で売買されたのち、東北地方に転売されたという。町人、農民ともに一般の人々が、嫁入り衣装を求めたのは古着屋だった。新品の着物など買えるのは、限られた階層だけである。江戸の町方三百十三人に一軒の古着屋があった。江戸の町方はリサイクル文化のなかで生活していた。

第二章

歪められた歴史
リアルな江戸の生活

武家と町人が接触できない社会

諸大名が総動員された江戸城の「天下普請《てんかぶしん》」は、徳川家康存命の慶長《けいちょう》十一年（一六〇六）からはじまり、三代将軍家光《いえみつ》の寛永《かんえい》十四年（一六三七）に城下全体を包む「惣構《そうがまえ》」が完成した。その間、実に三十余年にわたる工事である。

多くの人足、職人、商人が集まって工事に従事したわけだが、彼らのなかには、地方から出てきた者もいれば、徳川家に強烈な反感を持つ失業武士もたくさんいたのは容易に想像がつく。

江戸の治安維持のため、町と町人を代表して徳川家との間に立つ管理人として「町年寄《まちどしより》」が任命されて、「奈良屋」「樽屋《たるや》」「喜多村《きたむら》家」の三家がその役割を世襲することになった。

奈良屋が三町年寄の筆頭で、出身地である古都名を屋号とした。本姓は小笠原氏で、初代の小笠原小太郎は、天正《てんしょう》十年（一五八二）の本能寺の変のとき、家康が遊覧中の上方《かみがた》から本拠の三河《みかわ》（愛知県）浜松へ「伊賀越え」で逃げたときの功労者である。命の恩人を江戸の町行政の責任者にしたのだが、上方商人の誘致というのも視野に入っていたらしい。間もなく近江《おうみ》商人や伊勢商人が大挙して江戸に店を構えるようになる。

樽屋の先祖は、徳川家と同郷の三河刈谷《かりや》城主水野氏の出身である。長篠《ながしの》の合戦で戦功があり、家康から「樽」の姓を賜ったが、家康の江戸入国で町人支配役となった。代々藤左衛門と称する。

喜多村家の初代・弥兵衛は家康とともに江戸に入国したといわれる。御馬御飼料《おうまごしりょう》御用《ごよう》と関八州《かんはっしゅう》連雀《れんじゃく》商《しょう》札座《さつざ》、長崎糸割符年寄《ながさきいとわっぷどしより》を兼ねて、幕府の馬草と行商人、輸入糸の取り締まりを一手に引き受けていたが、婿《むこ》の彦右衛門に二代目をゆずっている。彦右衛門は加賀、金沢の薬種商と廻船業の家の出身で、家康が加賀藩祖の前田利家《まえだとしいえ》からもらい受けて登用したものである。前田家は廻船問屋の高嶋屋に日本海通運をまかせていたが、家康はこの海運を江戸に結びつけるため、金沢出の喜多村家の婿を町人支配役にしたという。婿に町年寄役をゆずった弥兵衛は、水戸徳川家に縁《ゆかり》があって水戸に引っ越した。

町年寄の仕事は、かなり忙しい。政令の伝達、町奉行所からの調査依頼、市中の土地の地割《じわり》（土地を基準を設けて割り振る）、地代、運上金（商業・手工業・運送業者などに課した税金）などの徴収と上納、各町の名主の任免、さらに水道などの維持管理機関でもあり、職人や商人の統制もした。ひとことでいえば、この三人の町年寄が町奉行との間に立って、江戸の行政を仕切っていた。

このように武家は町人とは直接触れないような体制になっていたのである。

わずかしかいない「正式な町人」

町年寄は正月三日には、無官の大名とともに江戸城に登城して、将軍に謁見《えっけん》した。つまり、町人といえども御目見《おめみえ》以下の御家人よりは明らかに地位が高かったのだ。

この日の町年寄は「帝鑑間《ていかんのま》」の敷居外に詰め、そこから正面に進んで、献上物を前にして将軍に拝謁《はいえつ》した。帝鑑間は譜代大名の控室だが、そこの敷居外というのが泣かせる。

それでも、大坂惣年寄《おおさかそうどしより》、堺町年寄《さかいちょうどしより》、京年寄、五カ所糸割符年寄など、他の都市の町年寄も御目見するが、彼らは敷居外のさらに外の落縁《おちえん》に献上物を置いて拝謁したというから、江戸町年寄の地位の高さがわかる。譜代大名と敷居を挟んで隣り合わせで、外様《とざま》大名よりも地位は高い。

町年寄の下にいたのが「町名主《まちなぬし》」。こちらは江戸の土着の豪族たちが任命された。

筆頭ともいえる町名主が、日本橋大伝馬町《おおでんまちょう》の馬込勘解由《まごめかげゆ》。あのウィリアム・アダムス＝三浦按針《みうらあんじん》の妻を出した家である。

町名主の役料だけで、二百十二両。一両二十万円で換算すると、四千二百四十万円の収入になる。支配している町が大きいので、それだけ各町の商家などから納められる金額が大きくなり、実質的には大旗本並みの収入だった。

同じ町名主でも、現在は六本木ヒルズの所在地で知られる飯倉六本木から麻布《あざぶ》付近の名主だった与右衛門は役料三両二分（一分は一両の四分の一）なので、同様に換算すると多くても七十万円程度ということになる。これはもう最下級のサンピン（三両一人扶持《いちにんぶち》）の侍と、さして変わらない。

与右衛門のような名主は、享保《きようほう》七年（一七二二）の記録では二百六十四人いた。他に新吉原《しんよしわら》（明暦《めいれき》の大火後に浅草に移転）の四人を加えると二百六十八人となる。名主は、その任命された時期によって、草創《くさわけ》名主（馬込勘解由など江戸開府以来の元土豪）、古町《こちよう》名主（三代家光《いえみつ》の寛永期よりの者）、町奉行支配地の平《ひら》名主、寺社門前町地の門前名主の順序で格式があった。

それでも各名主は、玄関を構えることを許されたので「玄関様《げんかさま》」と呼ばれ、独自の判断で問題を解決する権限「手限《てぎり》」も持っていた。訴状や土地売り渡し証文「沽券《こけん》」への奥書《おくがき》（証明文書の作成）、町触《まちぶれ》（法令）の伝達、さらに訴訟事件の付き添いなどの職務もあった。

この他に町内に家屋敷を持つ家持《いえもち》、他の町に居住し町内に屋敷地を持つ地主もいて、これらの人々が正規の町人となる。もちろん、江戸の町に住んでいる証《あか》しの沽券を持っていたはずである。今日、プライドの高い人が「沽券にかかわる」というのも、この沽券を持ったれっきとした町人身分であることに由来する。

これら家持や地主といった町人は、幕府への奉公である「国役」や人足役である「公役《くやく》」を屋敷地の間口の広さに応じて分担するだけでなく、町を運営する町入用費（町の経費）を負担した。義務は権利と交換で、町年寄から町名主までが町役人《ちょうやくにん》とされた「正式な町人」であり、江戸の町の規模からすると一握りだった。

役所と交番を兼ねる大家さん

貸家や裏店住まいの商人や職人は、正式な町人ではないので、税負担はいっさいない。十七世紀中期以降になると、町屋敷の売買が活発となり、地主・家持の下に、土地の管理を行なう差配人（管理人）である「家守《やもり》＝大家《おおや》＝家主《やぬし》」が増加した。

この家守＝大家＝家主という複数の呼び方を持ち、家持、地主の代わりに町を管理する管理人が、時代劇や落語で「大家さん」と呼ばれる存在である。

彼ら大家さんは、毎月交代で町政の事務に従事した。これを「月行事《がちぎょうじ》」という。大家＝

家守＝家主は、管理する土地建物の地借《じがり》・店借《たながし》の人々から地代・店賃を徴収するだけでなく、町の木戸際《きどぎわ》などに建てられた自身番屋に詰めて自衛警察の役も担った。

その他、欠落人《かけおちにん》（お尋ね者）の探索、盗人《ぬすっと》の届け、捨て子の養育、捨て物、倒者《たおれもの》（行き倒れした人）の処理、義絶・勘当（人別帳から除籍）の証明など忙しい。

貸家の商人や長屋の店子《たなこ》は、正式には町人に入らないので、町奉行所に呼び出されると、大家さんが同行した。

この大家も時代劇に頻繁に登場するが、現実とはまったく身なりが違う。

大家の制服は半纏《はんてん》姿で、その半纏の裾には町の印の模様をつなげて染めてある。これに袴《はかま》をはいて、矢立て（携帯用の筆記具）を腰に差し、奉行所などに同行する。しかも袴は古くて、ヨレヨレのものをわざわざはいた。新しい袴をはくと、新米と思われて「ヨウヨウ、お婿さん」とからかわれたりするからだ。

格好は珍妙だが、自身番に詰めて木戸番の「火事だ、火事だ」の知らせがあれば、刺《さ》し子《こ》（木綿《もめん》の布を重ねて縫った部厚い防火着）の半纏を着て現場に行き、鳶《とび》の火消し人足を従えて消火の指揮をとる。このあたりはカッコいいし、本人もそう自負していた。ただし、刺し子は高価であり、先祖伝来の五代目などというボロゾウキンみたいなものを着ていた。

これでは本人が自負するほど傍目《はため》にカッコよく見えたかどうかは、保証の限りではない。

ともかく、大家は役所と交番を兼ねたような役割で、店子のすべての面倒を見た。彼ら大家の人数は、江戸では二万百十七人と決まっていた。欠員が出たときのみ金を払って大家の仲間入りができた。これを大家の株を買うという。この株の値段は差配する長屋の規模によって、二十両（四百万円）から二百両（四千万円）と幅がある。

具体的には百両（二千万円）株の規模の大家は、地主から二十両の給金が出た。給金の五倍が株の値段らしい。それに長屋の住民が引っ越して来ると、三カ月分の家賃を礼金として受けたので、これが年に十両（二百万円）。長屋の糞尿《ふんにょう》の代金も大家の収入で、八軒長屋が六棟もあれば、三十〜四十両（六百万〜八百万円）、合計で六十〜七十両（千二百万〜千四百万円）が懐に入り、株を買っても二年目から利益が出た。

六本木ヒルズなどを展開する森ビル株式会社の創始者も、幕末・明治初期に芝の大家になったのがはじまりだった。

江戸にもいた派遣社員

コロナ禍にあって何かと話題になる派遣社員や人材派遣業務だが、江戸時代にも「派遣社員」はいた。

「人宿」と書いて「ひとやど」と読む。これが江戸の人材派遣会社である。

江戸の雇用期間は「一年限り」で「出替わり奉公人」と呼ばれた。こうも短い理由は、農村の労働力が都市に定着すると、農村が荒廃するからとされる。

しかし、それは表向きの理由にすぎない。同じ奉公人を何年も続けて雇うと、主人と奉公人の間に「主従関係」が生じてしまう。これでは幕府も諸侯も人件費が膨《ふく》らむ。

そもそも武家経済の悪化で武士をリストラし、中間《ちゅうげん》などの単純労働者もリストラした以上、主従関係の者を増やしたくない。さりとて、単純労働者は必要なので、人宿なる人材派遣業者が生まれたわけで、今も昔も発想に変わりはない。

地方出身者で江戸に親戚や知人を持たない者は、人宿が身元保証人となって奉公を斡旋《あっせん》したが、奉公先が決まるまでは人宿が預かる建前なので、奉公希望者からは相当の保証料を取った。人宿の人別帳に入れる手数料も含むものである。

宝永《ほうえい》七年（一七一〇）、幕府は人宿の業者を組合に組織した。そのとき約三百九十人の業者を、三十人ずつ十三組に分けた。

人宿が斡旋する奉公人は二種類あった。春・夏・秋・冬のうち一季節に三カ月だけ奉公する「一季居《いつきおり》」と、四季を通じての一年奉公（雇用）の「年季」があった「一季居」の代表格に「信濃者《しなの》」「越後者《えちご》」がいた。国元の寺請証文《てらうけ》、名主・庄屋の証文を持って、集団で江戸にやって来る。彼らの稼ぎは四カ月程度で一両だから、現在の貨幣価値に換算すると二十万円、月五万円程度にはなった。群れてやって来る田舎者という意味で「信濃のむくどり」といわれたが、これでも人件費としては高い部類に入った。

これら人宿は、幕末の嘉永《かえい》四年（一八五一）には四百八人に業者が増えたが、その十年前の調査では、江戸の人材派遣業である人宿から派遣された奉公人は、三万五千百四十九人いた。これらのほとんどを人宿は人別帳に入れていなかったというから、この国に無責任な派遣業者が多いのは伝統なのかもしれない。

大名行列にも日雇いを起用

もっと短い「日傭座《ひようざ》」というのもあった。文字通り「日雇い《ひやと》」の派遣である。江戸では「人入れ稼業」または「人入れ宿」と呼ばれていたが、今日の土木作業員の手配師とは違う。取引先は武家で、日雇いの中間や人足を派遣した。

武家社会は、貨幣経済の進行とともに財力は低下し続けて、大名・旗本は定められた格式に必要な中間・人足を抱えきれなくなり、日雇いの人足に乗り物を担がせ、挟箱を持たせて登城するのが当たり前になった。幕末の人入れ稼業の親分で有名なのは、新門辰五郎《しんもんたつごろう》という人物で、数十軒の得意屋敷（出入り屋敷）を持って、数百人の子分のなかから、いつでも人足や中間を供給した。

この人入れ宿に登録して、日雇いの中間や人足を希望する者も、無料では仕事を紹介してもらえない。人入れ稼業の親分が経営する人入れ宿に日雇いの中間であることを証明する札《ふだ》を発行してもらう。

だいたい日雇いの人足・中間になろうとする者は、村を飛び出した血の気が多い者で、厳密には無宿者に分類されるが、この札を買えば、人入れ宿の登録人として、江戸に住んでいられた。親子二代の日雇いなどもいたかもしれない。人入れ稼業こそ幕府の無宿者の管理と日雇い労働者確保の一石二鳥につながる職業でもある。

この日傭座の札は、五代将軍徳川綱吉《つなよし》の元禄《げんろく》年間（一六八八〜一七〇四）は一カ月二十二文だったから、銭一文を現在の五十円と換算すれば、月に約千百円、年間約一万三千二百円ですんだ。

それが八代将軍吉宗《よしむね》の時代には三十文（月千五百円／年一万八千円）と値上げされて、延《えん》享《きょう》四年（一七四七）からは四十八文（月約二千四百円／年約二万八千八百円）と高騰している。元禄年間のほぼ倍になったわけだが、それほど武家社会は窮乏して、譜代の人足や中間を激減させたことになる。

旗本などは人入れ稼業の日雇い中間を雇う金銭的余裕もなく、さりとて、役付き登城をする身分では供の者が必要で、仕方なく近所の古道具屋の倅《せがれ》をアルバイトで中間に仕立てて登城した者もいた。このアルバイト中間は十三歳というから、今なら中学生である。

たった一人でも自分用の中間を抱えている旗本がいると、勤務が入れ違いになるタイミングを計ってその中間を借り受けて、登城する旗本までいた。中間こそいい迷惑で、二人の登城・下城のたびに城に入っては出て、ふたたび入り、また出るという具合に、二倍も働かされるはめになった。

新門辰五郎が語ったところによると、人入れ稼業の親分は、殿様が登城するときには、その出入り屋敷の家紋の入った羽織を着て、供揃《ともぞろえ》の侍に交じって、玄関の前で片膝をつき、殿様が乗り物に乗るのを待った。六尺（駕籠《かご》かき）が乗り物を担ぎ上げると、その棒鼻《ぼうばな》（駕籠の先棒）に手をかけて押し出す格好をする。これは人入れ稼業の親分の仕事で、乗り物を担ぐ六尺はすべて子分の日雇いである。ちなみに、六尺とは「力者《りきしゃ》」の転で、力持ちを意味した。

これが式日（儀式の日）ともなると、在府の大名が同日同時刻に登城するので、親分は多忙を極める。そこで供揃の頭《かしら》の武士と打ち合わせて、少し出発の時刻をずらしてもらい、早駕籠《はやかご》を雇っておく。たとえば、牛込《うしごめ》の殿様の乗り物の棒鼻を押し出した後、羽織を着替え、早駕籠を飛ばし次の雇い先の麹町《こうじまち》に向かい、そこの殿様の乗る駕籠の棒鼻を押さえて送り出した。

江戸常府の御三家水戸徳川家や御三卿《ごさんきょう》一橋《ひとつばし》家でも、盛んに日雇いの人足・中間を使ったのだろう。新門辰五郎の娘は最後の将軍徳川慶喜《よしのぶ》の側室でもあった。桜田門外で水戸浪士に襲撃された大老井伊直弼《いいなおすけ》の乗り物も、日雇いの六尺が担いでいたに違いない。乗り物を放り出して逃げているからだ。

天保《てんぽう》年間（一八三〇～四四）の譜代大名の行列など、約八十人のうち日雇いが二十五人。行列の三分の一が日雇いだった。

バカ息子は跡取りにはなれない

江戸の社会では、「年季者」と呼ばれた者がいた。今も「俺の趣味は年季が入ってるから」と自慢する人もいるが、これは「年季が入っている」という言葉の完全な誤用である。「年季者」とは親方に、年季や修業の内容などを誓約した「年季証文」を入れて、徒弟修業する者のことで、「年季を入れる」の本来の意味は、親方や主人の人別に入り、衣食を与えられながら修業をすることを意味した。

職人の場合、十年はかかる。今日の中学・高校から大学までの間を年季奉公して、年季が明けると「一人前」になるが、そのときは同業・同職の認知を求めて、「おひろめ」をしなければならなかった。

問題は年季の途中で辞める「年季崩《くず》れ」で、その場合は、それまでの食い扶持、仕着せ（衣料代）、その他の経費を親方や商家に弁償しなければならない。「年季を入れる」とは、それほど重大なことである。

商家の場合も丁稚《でっち》、手代、番頭と進み、年季が明けると同業・同職におひろめを行なって一人前とされた。そのなかで飛び抜けて優秀となると、商家の婿さんになったりする。これが日本的経営の原点である。

今では見落とされているが、商家の婿は江戸のエリートであり、公職でもあった。

現在も続く三井、高島屋、住友など江戸時代以来、数百年の歴史を誇る「老舗《しにせ》」は、エリートの婿がいたからこそ続いたともいえる。知られざる江戸時代の経営の極意《ごくい》である。

そもそも、老舗の語源は「親の為《し》（仕）似せ」の意味で、父祖伝来の家業としきたりを踏襲することをいう。江戸の商人の創業者や中興者は、家訓や遺訓を示して末代までの安泰を願ったもので、歴代の主人は先祖の家訓を厳守し、「主人は先祖の手代なり」という川《せん》柳《りゅう》まである。

何しろ「生き馬の目を抜く」世界であり、商家の家訓はそれほど厳格に守られた。危険を伴う営業方法、運営を戒《いまし》めたものが多く、おろそかにすると大名貸しなどで大損失をして、潰れたりした。

そうした家訓のなかには、バカ旦那《だんな》が出現したら、「当人を隠居させ、本家から扶持（生活費）を賄《まかな》い、小遣いや諸入用も五両程度毎年与え申すべく候」ということを定めたものも多い。厳しい商家になると、バカ旦那は座敷牢に入れる、あるいは勘当して追放する場合さえあった。

そうまでしたのは、商家を守るためだけではない。町内や株仲間（同業組合）に累《るい》を及ぼさないためだった。一つの商家が「お上《かみ》」の規制に触れた場合は、株仲間も連座し処分を受けたからである。

今日とは異なり、一企業が事件を起こせば、株仲間すべてが罰せられる。豪商ともなれば、番頭や支配人など幹部奉公人は、年季を入れて育成された人々で、主人を補佐し、家業の運営を誤らせないようにしていた。それでも、バカ旦那は出てくるため、主人の息子に跡を継がせることができなかった場合は意外に多い。

三井の「大坂別家（暖簾《のれん》分けの店）」を調べた結果では、実子の相続は五十一件中のわずか十二件で、残りの三十九件（約七十七パーセント）は養子が占めた。男子相続で店を治められたのは二割強でしかない。

老舗の商家は女系相続

これが江戸っ子になると、もっと徹底している。日本橋馬喰町《ばくろうちょう》のさる紙問屋は、「当家に男子出生いたすとも、別家または養子に遣《つか》わすべし。男子相続は後代まで永く永く禁止し、当家相続は養子に限ることを、堅く定めおき候」と主人が書き残している。娘に優秀な婿を取るのが、商家の習いなのである。あるおり、東京の神田、日本橋、京橋の老舗四十店の当主を調べたところ、すべて婿養子だった。老舗は女系相続である。

江戸時代の商家の「社員」生活は丁稚からはじまり、手代、番頭と昇進した。番頭は複数いて、筆頭の番頭ともなると店から与えられた家から通勤する。通勤生活は今日と違って憧《あこが》れの的《まと》だった。

この筆頭番頭が主家から独立して、暖簾分けすると「別家」と呼ばれる。豪商ともなれば、分家と別家が十数家というのも珍しくない。

江戸の場合、「腹を痛めた娘から娘へ」と、すべての資産が伝えられたので、娘に見合った優れた婿が選ばれた。番頭や手代の場合もあるし、同格の商人の家から婿入りすることもあるが、店の当主と娘の一存だけでは婿を決めることはできない。

必要なのは、親族一門、別家の同意だけではない。株仲間の議決が必要だった。年季を入れて修練し、おひろめで一人前になった後、ふたたび、結婚の是非でも同業者の認知を受けなければならない。つまり、商家の結婚は私事ではなく、同業組合の公事であり、婿は商人仲間の公職でもあったのだ。

この江戸の伝統は昭和の初期まで残り、商家に対して市中の金融機関は、「婿取りの家なら融資するが、息子が当主だったら融資しない」といった考え方が普通だった。江戸の商家で息子が跡取りになろうものなら、誰も金を貸してくれなかったわけだ。商家の婿とはそれほど選び抜かれ、社会的にも信頼性のある経営者だったのである。

現代社会では、企業の最高責任者が安易に自分の息子を後継者に据えようとする。これなど、社会的な信頼をまったく無視した愚行ともいえる。

もっとも江戸では婿を選ぶほうからして慎重で、娘の母親が婿候補を床に入れて試すことさえあった。そこまでしない場合も、結婚式に「介添人《かいぞえにん》」という女性をつけた。普通は遊女を介添人にして、初夜を介添人が代行する。婿が初夜に失敗でもしたら、縁起が悪いからである。これは江戸の女系の大店の退廃《たいはい》した性風俗のように語られるが、実際は大真《おおま》面目《じめ》だった。

武家は男子相続、養子も同族を求めたが、商家は武士の対極にあるので、女系相続だった。婿の価値が低くなったのは、妙に男尊女卑が徹底した明治時代からである。

よい婿を迎えたからといっても、商家の現実は厳しい。ひと口に江戸時代といっても時代によって世相は大きく異なる。需要も変わるので経営者も変わる。どんな大店でも、そう長続きはしない。江戸初期の貞享《じょうきょう》元年（一六八四）から明治五年（一八七二）まで、江戸の商人をデータベース化し統計処理をした近世史研究家の山室恭子氏によれば、商家の平均相続年数は十七・五年と驚くほど短命だった。もとより統計上のことなので、実際にはもう少し長い。それでも「越後屋＝三井」のように家訓に従って永続するのはごく一部であり、今も昔も商いの先は読めないのである。

百年以上続いた江戸の商家は、一パーセントの十七軒にすぎない。また、実子相続は一割にすぎない。むしろ、他人に金銭譲渡したものが約半数（四十九パーセント）にものぼる。この数字からは、思うほど優秀な婿養子は数少なかったこともわかり、「えい、面倒だ。売っちまおう」が現実だった。

商人が抱いたもののふの矜持

江戸時代初期の大商人は、戦国時代の地侍や武士をやめた者が多かったこととも関係する。殺し合いを嫌って商人になったから教養と矜持《きょうじ》を持っていた。地元への寄付を惜しまず、幕政の変化などで退転した者も多い。

筆者が旧知の伊勢松阪（三重県）の豪商・竹川家は、地元で蔵書を「射和《いざわ》文庫」として開放したほどの知的階級だった。竹川家のはじまりは近江の浅井《あざい》一族が滅亡後、伊勢に逃れて商人となったものである。幕末に幕府から財政再建を依頼されたが、維新とともに倒産した。

教科書でも知られる日本地図を作った伊能忠敬《いのうただたか》や、関東の大河川の治水で知られる田中《たなか》丘隅《きゅうぐ》も戦国期の地侍が帰農した家柄だった。関東一円の商人は幕命があれば赤字を出しても協力したが、これも遠い昔の地侍の記憶が影響したに相違ない。

象徴的な例を上げる。武州幡羅《はら》郡下奈良村（埼玉県熊谷市下奈良）の市右衛門は、白木綿《しらもめん》の売買で財を成したが、利根川乱流地帯のため、堤防造りに五十両を寄付している。また、自費で橋を木製から石造りに架け替えたが、その数は十数カ所に及んだ。天明の浅間山《あさまやま》の噴火では、被災地の上州に救援物資を送り、天明の飢饉《ききん》で村が窮乏すると金銭と食料を援助した。市右衛門も成功した商人の例に漏れず、祖先は武蔵国《むさし》（埼玉県）忍《おし》城主・成田氏の家臣である。市右衛門は死に際して長男に遺言している。

「勤倹怠らず。家産の三分の一を公益に供すべし」

江戸時代は権力と財力が分けられていた。武家に権力はあるが、財力はない。商人に権力はないが、財力はある。二百六十余年も続いた秘密は、このあたりにあったのかもしれない。

江戸の経営指南業

江戸時代にも、企業の経営戦略のアドバイスをする経営コンサルタント的な人間は存在した。その代表格は松波勘十郎《まつなみかんじゅうろう》である。

松波勘十郎は備後三次《びんごみよし》（広島県）五万石の浅野家に招かれ、特産の紙や鉄を藩の専売とし、その特産品を大坂で売りさばいて、藩の負債を完済した。また一時は、京都に事務所を構えて、そこから諸家に出張して財政改革を指導するほど著名な存在だった。

ついに松波勘十郎は御三家の水戸徳川家に招かれ、奥州棚倉《たなくら》（福島県）から久慈川《くじがわ》を伝い、水戸藩内の湖沼を経て江戸へ通じる水路網を計画した。水路が完成すれば、奥州の諸物産の通運に利用できるので、その通行税だけでも莫大《ばくだい》な利益を水戸藩にもたらす。

しかし、工事に駆り出された領民の反対が村方騒動（村役人と村民の争い）につながり、その責《せめ》を負わされて二人の息子とともに水戸で獄死した。ときに宝永《ほうえい》七年（一七一〇）、松波勘十郎、齢《よわい》七十二である。

経営コンサルタントも失敗すると社会的責任だけでなく、一家もろとも命を失うのが、現代とは異なる江戸時代の厳しさだった。

水戸藩の計画が失敗したのは、松波勘十郎のせいではない。その後も水戸徳川家は何度も同じ計画を幕府に申し出ており、老中の田沼意次《たぬまおきつぐ》は幕命で掘削《くっさく》を命じている。しかし、驚くほど地盤が固く、江戸時代の技術で掘削できる土地ではなかった。ついでに書けば、田沼意次もこの計画の挫折で失脚している。

水戸藩は窮乏の極《きわ》みで、家臣はせっせと鰻《うなぎ》の蒲焼《かばや》きの串を作る内職に精を出した。藩校の弘道館《こうどうかん》に学んだエリートでも役付きにならなければ、串を作るほうに回らざるを得ない。幕末の水戸藩内は三つ巴《どもえ》となり、各派閥同士が血で血を洗う事態となったが、その原因の一つは役付きで鰻を食べる側になるか、その串を作る側になるかにある、といわれたほどだった。水戸藩の学者の娘・山川菊栄《やまかわきくえ》が『覚書・幕末の水戸藩』で、そう書いている。

売上アップの秘策はバイリンガル

「天下の総城下町」と呼ばれる江戸には、全国の藩主が参勤交代で詰めているので地元商人も上京し店を出していた。人も多く、国元より繁盛《はんじょう》する商家もあった。この儲《もう》かる江戸っ子になる条件に、多言語を操れることがあった。

もちろん、多言語といっても今日の外国語とは違う。ここでいう多言語とは「お国言葉」である。

もともと関東・坂東《ばんどう》では「参り申すべえ」「上ぐべい」「読むべい」「習ろーべい」と盛んに「べーべー言葉」を使っていた。これに常陸《ひたち》（茨城県）や下総《しもうさ》（千葉県）の「だっぺ」、陸《む》奥《つ》（青森県）の「だっちゃ」、駿河《するが》（静岡県）の「だら」、三河《みかわ》の「けろ」、尾張《おわり》（愛知県）の「みゃーみゃー」、それに近江《おうみ》（滋賀県）、大坂、京都の「ニャケた言葉」（江戸の人は関西弁をこのように言った）の商人もいた。

これらの言葉が渾然《こんぜん》一体となり、町方ではもの凄《すご》いありさまとなった。それが江戸弁である。

五代将軍綱吉の初期である天和《てんな》三年（一六八三）、京都を訪れた武家の日記帳『千種日記《ちぐさにっき》』は、扇屋の店先での問答を記録している。関東弁と京言葉の応酬《おうしゅう》は、以下のようなものだった。

「おうぎからうべいに、みせろ」（扇買うから、見せてくれ）

「なとやらながいゝさんすぞ（どんなのがいいですか）

「みてからうべいに、つんだしなさろ」（見て買いたいから、たくさん出して下さい）

信じられない関東訛《なま》りだが、京言葉もわかりにくい。外国語と同様で、通じるのが不思議なくらいだ。

もっとも江戸っ子の旗本の口調も怪しいもので、無頼者《ぶらいもの》で有名な旗本・水野《みずの》十郎左衛門《じゅうろうざえもん》の辞世は、「落すなら地獄の釜をつん抜いて阿法羅殺《あほらせつ》に損をさすべい」であった。下級武士や足軽などにいたっては、今聞いたら卒倒しそうな粗野な江戸訛りだった。

武家の場合は、豊臣時代までは京都や大坂が政治の中心だったので、共通語として上方語を使っていたようだが、江戸になってからは公家《くげ》の「〜でおじゃる」を武家も真似して関東訛りで「ござる」となった。「忠臣蔵」の名ゼリフ「殿中でござる。松之廊下でござる」も原形は公家の言葉で、「殿中でおじゃる。松之廊下でおじゃる」となる。これでは刃《にん》傷《じょう》事件を止めるどころか、逃げ出しそうな感じがするから不思議だ。

その後、武家は漢文調でやりとりした。徳川幕府の公用文は、「御家流《おいえりゅう》」と呼ばれる独特の和製漢文だったが、これを武家共通語として「ござ候」といった具合で用いた。これなら国境を超えてのコミュニケーションも可能だ。

江戸の町方で出世するには、最低、この両方の言葉をマスターしなければならない。たとえば、武家の儒者と魚屋の会話（杉本つとむ『東京語の歴史』）の一例である。

儒者なる者（以下、儒）「コリャ魚売人」

魚屋（以下、魚）「エエわしが事かへ」

儒「ヲヲサその松魚は価、いかほどじゃ」

魚「なんの事だ。商人にあだ名を付て、なぐさむのか」

儒「イヤ左様ではなひ。魚売人とは肴うりの事、松魚とはかつをの事じゃ」
魚「小むづかしい言よふだな。鰹はそくろんじさ」
儒「ムムそくろんじとは、いかほどの事じゃ」
魚「アイそくは一貫の事、ろんじは知れやせう」
儒「イイヤ知れぬ」
魚「ハテろんじは六百の事さ」
儒「不佞《ふねい》はじめて会得《えとく》致した」
魚「エエおめへも論語よみのろんじしらずだ」
武家と町人とでは、これほど話し方が違う。このように言葉が通じなかった魚屋は、儲からなかったに違いない。儒者もやたら漢語だけで相手にされない。まるで小咄《こばなし》の世界である。
商売上手な江戸っ子は、ぞんざいな江戸弁を巻き舌で口にしながらも、武家が来ると「これは、このようにいたしまして、こうするのでございます」と即座に切り替えられるうまさがあり、そうでなければ江戸では儲けられなかった。バイリンガルでなければ、武家の出世もおぼつかなかった。

野菜と糞尿のリサイクル生活

ある茶屋で、実によく働く下女がいた。ひとりの客が下女をほめた後、国元を尋ねた。すると、下女はこう答えた。

「尾籠《びろう》な（汚い）話で恐縮ですが、葛西《かさい》です」

下女の出身地の葛飾《かつしか》郡葛西領は、江戸から荒川を越えたところにある。領内約六十カ村あったといわれるが、この地は江戸城の汲み取りの権利を持っていた。先の娘は、自分が江戸城の汲み取りの権利で有名な葛西領出身ゆえに、「尾籠な」とことわりを付した。

正式には、この地を代々支配する「葛西権四郎《かさいごんしろう》」を名乗る家が権利を持っていた。葛西氏は、鎌倉時代以来の名門で、今も鎌倉に葛西谷《かさいがやつ》があり、東北の地頭から戦国大名となり滅んだ葛西氏をはじめ、その一族の分布を見ても、いかに名門だったかがわかる。

徳川家康の江戸入国で、葛西権四郎は葛飾郡葛西に土着して農民となったが、江戸城の汲み取りの権利を与えられた。毎日、葛西権四郎配下の農家は、船二艘で和田倉門外の「辰口《たつのくち》」まで漕《こ》ぎ寄せて、城のゴミ芥《あくた》を積んで葛西に帰った。辰口は堀の水を道三堀《どうさんぼり》へ流す落とし口だった。

大奥の長局《ながつぼね》の下掃除も葛西権四郎の権利で、伊賀者と添番（補助役）の立ち会いのもとで、汲み取った。ちなみに大奥の下肥だから高く売れたかもしれないが、化粧が濃いため、当時の白粉《おしろい》などに配合されていた鉛《なまり》や水銀の重金属で汚染されていた。このことは加賀藩上屋敷奥御殿跡（現在の東京大学本郷キャンパス）の便所遺構の発掘でも判明している。

江戸市中全域ではないが、江戸城を中心として多くの地域へ葛西から汲み取りに行った。糞尿やゴミ芥を運搬する「葛西船」は、朝は領内で採れた野菜を積んで青物市場に運び、帰りには肥樽《こえだる》百六十個ほどを満載して葛西に帰った。翌日はふたたび、その船に青物を載せて……江戸っ子は生野菜を食べなかったというが、その理由がわかろうというものだ。

葛西船は江戸も後期から末期になると、専門の肥船業者、汲み取り業者が現われて、それに従事する「肥宿《こえやど》」、肥の売買をする「会所」（事務所）までできた。

肥会所では糞の相場が立つ。それぞれ上・中・下に分かれて、ブランドものもあり、季節によっても相場の変動がある。以下がその一例である。

●特上「きんばん」：幕府、大名屋敷の勤番者の糞。濃厚で最高のブランド。特に殿様在府中の大名屋敷のものは高い。

●上等「辻肥」：街頭の辻便所（公衆トイレ）の糞。
●中等「町肥」：一般町屋の糞。
●下等「たれこみ」：糞が少なく小便が多いもの。大家が水増ししたものもある。
●下等「お屋敷」：牢獄、留置所などの糞。言うまでもなく、最低の栄養状態からの排泄《はいせつ》物《ぶつ》である。

なんだか身分制度そのもののようだが、下肥としての効き目が違った。最高級の「きんばん」をハリ込んで、「ハイ、糞だ。ハイ、糞だ」と力んで運んだ農民もいただろう。

その値段だが、一樽二十五文（千二百五十円）、船一艘分で一両（二十万円）というから、下肥も金がかかる。

買値のほうは、中等の「町肥」が長屋百軒分で八両（百六十万円）、これは大家の収入となる。

もちろん、葛西だけが江戸に汲み取りに来たわけではない。練馬《ねりま》方面からも来たし、多摩川を越えた川崎あたりの農村からも来た。「赤穂《あこう》浪士」で有名な大石内蔵助は、討ち入り前に川崎の平間村名主の家に立ち寄っているが、同家は旧赤穂浅野家と吉良《きら》家の下掃除に出入りしており、間取りにくわしかった。この件は、なぜか重要視されていない。

現在の「目白通り」は、江戸時代に「清戸道《きよとみち》」と称した。江戸市中と武蔵国多摩郡清戸（東京都清瀬市）を結んだ古道だからで、江戸で有名な下肥道でもあった。清戸道は、その中途にあたる中野区から練馬区にかけて由緒ある旧家が多く、主に目白や護国寺から牛込一帯の武家屋敷の下掃除を商いとする者が多かった。その人びとを江戸では「糞屋どん」と称した。糞屋と呼び捨てできなかったのは、鎌倉時代以来の名門の土地柄か、もしくは最高級ブランド「キンバン」を運んだせいかは定かではない。

この江戸糞尿リサイクルにまつわるエピソードで有名人が二人いる。

神田の和泉町《いずみちょう》の大長屋の大家で、百軒の店子を抱え、「竜水」の号で寺子屋の師匠も兼ねる人物がいた。毎年、葛西砂村の久右衛門が汲み取りに来て代金八両を払おうとしても、絶対に受け取らない。久右衛門が渡そうとしても竜水先生は次のように言い返した。

「どうして糞の代金を生計にしようか。それは不必要」

金を受け取らない竜水先生について、町の人々は「変人ではないか」と評しているほどなので、糞の売買は当たり前の経済活動だった。むしろ、竜水は大家と寺子屋の収入があるので、高慢だったのかもしれない。

もう一人『南総里見八犬伝』で知られる滝沢馬琴《たきざわばきん》も大家だったが、これがまた糞の値段にうるさいので有名だった。息子の嫁に「下掃除代」を交渉させている。

「そりゃ安い、安すぎる。この糞を汲む暇に昼飯を出してやったのに、その値段はなんだ。ウチの長屋にはな、お武家様だって住んでるんだ。そこらの長屋の水っぽいのとは違う。どうだ、よく見ろ。ほれ、濃いだろう。太いのが泳いでる。何？　見えない。ウソ言っちゃいけない。指でかき混ぜてみろ、ほれ、指で、さあ、やれ。底まで手を突っ込んでかき回してみろ、ほれ」

まさか落語に出てくる大家さんのようにこんなふうにやったわけではあるまいが……糞尿のリサイクルは、まちがいなく儲かるビジネスだった。

第三章

歪められた歴史
ブラックな江戸ルール

江戸の華「火事」が多い真相

「芝で生まれて、神田で育ち」

江戸っ子の典型的なタイプを指す言葉だが、江戸っ子の原風景となる神田は大工をはじめ職人の多い町だった。

とりわけ大工は江戸っ子が就いた職業のなかでも高収入で、しかも数の多い部類に入る。何しろ江戸では需要も多い。

もちろん、腕にもよるが、大工の日当は銀四匁《もんめ》二分《ぶ》、これに弁当代一匁二分を足し、計五匁四分だ。銀一匁は一両の六十分の一で、一両を二十万とすれば一匁は三千三百三十円ほどで、日当一万七千万円前後である。

こうした大工が住む神田の裏店《うらだな》の家賃は、四畳半二間で銀百二十匁と高い。現代の生活感覚では約四十万円近くとなり、雑居ビルに事務所を借りる工務店並みの値段となる。

それだけに大工の年収は年間二十六両、現在ならば五百二十万円程度はある。それでも、衣・食・住に光熱費、道具代、交際費を支払うと、繰越金、つまり決算後の利益は一両と少々。今ならば二十万円を欠けるくらいか。「宵越《よいご》しの金は持たねえ」どころか「持てねえ」のぼやき声が聞こえそうである。

日本橋や京橋あたりに住めるのは、大店《おおだな》の商人ぐらいのものである。文化年間（一八〇四～一八）で、間口一間、奥行二十間で千両が相場。建坪三十六平方メートル（畳《たたみ》二十五畳《じょう》）の住宅が現在の感覚で二億円なり。伊勢や大坂の豪商の江戸店が多くなるのも無理はない。

この落差のせいか、江戸は歳時記のように定期的に火事の花を咲かせた。

日本橋の三井本館は、延宝《えんぽう》元年（一六七三）の「越後屋《えちごや》」開業以来、明治元年（一八六八）まで十二回も焼けている。すべて、もらい火である。開業して百九十五年の間に平均すると十六年ごとに類焼しては、建て直したことになる。

文化十一年（一八一四）、小川顕道《おがわあきみち》は江戸の風俗を著した随筆『塵塚談《ちりづかだん》』で、このように書き残している。

「春夏秋冬、一日として火事のない日はない。冬春は一日に三、四箇所もある日あり」

江戸市中全体では、毎日どこかで火事が起きていた。

そのため、地主・家持《いえもち》は三年燃えなければ元が取れる安普請《やすぶしん》（粗雑な造り）で長屋を建てた。この建築感覚がのちのちまで地震大国日本に大きな被害をもたらすことにもなった。

さて、火事の多発で江戸の経済は活気づいた。江戸に多くいた大工の日当が、二倍に跳《は》ね上がり、年間二十六両の収入が五十二両（約千四十万円）になるのだから無理もない。

越後屋など大店、あるいは大名屋敷が燃えれば、再建が必要になる。普請《ふしん》作業の専門職の鳶《とび》なども収入が増えて大歓迎だった。

そこで不景気になると、なぜか火事が起きた。八代将軍吉宗《よしむね》の時代に南町奉行の大岡忠相《おおおかただすけ》は、町に費用を出させて町ごとに鳶を雇い、いろは四十八組の「町火消《まちびけし》」を組織したが、その火消したちが不景気になると火付け（放火）をして、本職の普請作業を多くしたといわれている。

ところが、ことはそう単純ではすまない。

いろは四十八組の火消しは、親分に統率されて、武家の馬印《うまじるし》と同じ役割をする纏《まとい》を持ち、戦国時代ならそのまま主力部隊の「火付け組」に転じても不思議ではなかった。町火消の費用は町抱えだが、支配するのは町奉行である。

幕府の法令集『御触書集成《おふれがき》』を詳細に検討した都市史研究家の鈴木理生氏によれば、公儀が景気維持や消費需要を起こすために、町奉行に命じて火事を起こさせたという。その後、町奉行は素知らぬ顔でいろは四十八組の町火消の親分と組み、火事を制御した。火消しの親分は、ときと場合によって火付けの親分に変身するのである。

そのわかりやすい証拠は、幕末に勝海舟が西郷隆盛と江戸城明け渡しの会談をしたさいに放った啖呵《たんか》である。

「江戸市中には、子分持ちの火付けが四十八人いるから、お前さんの出ようによっては江戸を火の海にしてもいいんだぜ」

子分持ちの火付け四十八人とは、言うまでもなくいろは四十八組の火消しの親分のことで、彼らが幕府の指揮下にあったことを物語る。

「明暦《めいれき》の大火」（明暦三年＝一六五七）では、十万二千人の死者を出し、大名屋敷百六十棟《むね》が燃えた。

それほどの大火になったのに、火元の寺はなんの処罰も受けることもなく、その後も老中から毎年付け届けがあった。江戸でも一、二を争う大火事、別名「振袖《ふりそで》火事」を機会に新たな都市計画を実現したので、江戸の再開発のために火事を起こしたとの説もある。

たしかに年表を見ると、大火は景気低迷の時代に起きている。

いろは四十八組の町火消の人足たちは、江戸の回想録のなかでは「臥煙《がえん》」と呼ばれ、蛇《だ》蝎《かつ》のごとく嫌われている。その荒っぽい気質を表わした「臥煙肌」なる言葉もあって、無《ぶ》頼漢《らいかん》のような気質を意味した。それほど庶民に嫌われたが、彼らの荒っぽい仕事の陰に公儀の命があったことを、臥煙の名誉のために記しておきたい。今日の新聞ダネになる「暇になった消防団員が放火犯に転じる」のとはわけが違う。

まさに幕府御用達《ごようたし》の経済対策用「マッチポンプ」だった。

「生類憐みの令」は本当に悪法か？

どの歴史の教科書を読んでも、「天下の悪法」とされるのが、徳川五代将軍綱吉《つなよし》の出した「生類憐み《しょうるいあわれみ》の令」である。

この法令は、天和《てんな》二年（一六八二）、「犬の虐殺者を死刑」にしたのを皮切りに、貞享《じょうきょう》二年（一六八五）の「馬の愛護令」などの諸法令を総称して、生類憐みの令と呼ぶ。この生類（生物）愛護令に対して、水戸《みと》家の徳川光圀《みつくに》が当てこすりで、日本橋に猫を磔《はりつけ》にしたり、将軍用の座布団と称して犬の毛皮を贈ったりして、法令で迷惑をこうむる江戸っ子のやんやの喝采《かっさい》を浴びた。

見落とされているのは、犬の愛護令より先に全国に発せられたのが、「捨て馬禁止令」だったことである。

将軍直臣《じきしん》の旗本は、軍役《ぐんえき》として騎馬で出陣しなければならないが、泰平が続き、馬を飼う財力もなくなり、馬を捨てることが多くなった。農民も馬で耕すほどの広さの田はなく、老いた馬を路傍に捨てた。馬を捨てるときは、旗本・農民ともに馬の脚の筋を切って病馬にして捨てたので、これは現代でいう動物虐待《ぎゃくたい》にあたる。こうした行為が目に余るようになり、法令が発せられたのは適正なことだった。

また、江戸の現実では、捨て犬も禁止せざるを得なかった事情が忘れられている。そもそも犬は扶持《ふち》のある家しか飼うことが許されず、武家の特権であった。軍事教練でもある「鹿狩り」のさい、獲物捕獲のために放たれる猟犬だったからである。ゆえに各大名家は、家の格式を誇るように大型犬を競って飼った。仙台伊達《だて》家などは、参勤交代にも洋種の大型犬を連れて歩いたことで知られる。しかも基本的に犬は放し飼いである。

加賀前田家が元禄《げんろく》八年(一六九五)十二月、江戸の三つの屋敷(上・中・下屋敷)で飼育している犬の数を調べたところ、合計二百四十一匹いた。他の大名も似たり寄ったりと考えると、三百諸侯の屋敷がひしめく江戸では、そこらじゅうで大型犬が吠えていた。

いっぽう、大名屋敷での犬の管理は想像以上にルーズだった。犬は自由に市中をうろつき、果ては野犬化した。猟犬は家康の時代から飼育されてきたので、野犬化した頭数は数知れない。山野で野生化した犬が、餌《えさ》を求めて市街周辺に出てくることも多かった。多くの町人や農民が野良犬に脅かされていたのである。

すでに万治《まんじ》三年（一六六〇）、品川や目黒のあたりで山犬が人に危害を加えるというので幕府鉄砲隊が出動している。元禄元年（一六八八）には、武州山口筋（埼玉県所沢市）で山犬が荒れ狂い、四人が食い殺され、六人負傷の事件が発生し、幕府鉄砲隊が出動した。二年後には下総《しもうさ》佐倉（千葉県佐倉市）で山犬が暴れ、同様に鉄砲隊が出動している。

貞享四年（一六八七）、ある大名の中間《ちゅうげん》が街頭で、十匹ほどの犬に吠えかかられ、衣類を食い裂かれた。そこで中間は脇差《わきざし》を抜いて斬りつけたところ、辻番に捕らえられた事件がある。中間は取り調べを受けたが、二カ月足らずで赦免《しゃめん》となった。この事件でも穏当な法令運用をされていたのがわかる。当時、犬を見ると試し斬りをする乱暴な侍がいたので容疑がかけられたにすぎない。その試し斬りした犬を食べる剛の者までいた。

今日のペットブームの弊害から類推すれば、想像がつくというものである。

将軍綱吉が設置した巨大な犬小屋「お囲い」（JR中野駅付近）には、四万匹の犬が収容されたが、すべてメス犬である。子を成さないオスは放置され、市中にはその倍以上の十万匹近くの犬がいたと見られている。それだけの数の犬が野生化したら、市中など怖くて歩けない。生類憐みの令は、動物の飼育者の責任を問うた最初の法律ともいえる。それを学校で悪法とせせら笑って教えるようでは、いまだにペットを飼う人々に責任感が根づかないのもうなずける。

「生類憐みの令」が広めた人生観

一連の法令のなかには人間も生類に含まれていて、「捨て子、捨て病人」を禁止した。道中保護令も出て瀕死《ひんし》の旅人の救護も命じられたが、それまでは路傍に死人が横たわっていても、見て見ぬふりをしていた。

飲酒抑制を目的とした酒造制限令も出され、泥酔して暴れ、他人に迷惑をかける者は厳しく取り締まられた。これなど今日よりも進んでいる法律かもしれない。「すみません、酔っていたので」というのは、江戸では言いわけにならなかった。

つまりは「人や動物を殺す」「人や動物が死ぬ」ことをなんとも思わない風潮を止めたのが、「生類憐みの令」である。

江戸時代の初期がどれほど殺伐としていたか、一例を挙げよう。

尾張《おわり》藩では例年のように子どもによる殺人が連続していた。生類憐みの令が出る十四年前の寛文《かんぶん》十二年（一六七二）のことである。九歳の林徳之助が二歳年上の川口三平を斬り、自害した。九歳と十一歳の殺し合いである。今なら新聞沙汰《ざた》になる事件だ。

翌年には、十四歳の少年同士が絶命するまで斬り合っている。

これらの事件を記録した『紅葉集』の著者で尾張藩藩士の近松茂矩《ちかまつしげのり》は、事件の顚末《てんまつ》に次のような感想を残している。「少年の働き、相互に珍しきことなり」。分別のある年配だと思うが、歓迎気分丸出しである。

この気質は農民も変わらない。元禄四年（一六九一）、美濃多芸郡《みのたぎ》（岐阜県養老郡養老町）で大量殺人事件が起こった。

七十五歳の与右衛門家の婚儀で、花嫁が馬に乗って与右衛門家に入ろうとしたが、隣家の紋右衛門家の前で止められ、「成り上がりの与右衛門家に行く娘の分際《ぶんざい》で、わが門前を馬で乗打ちは言語道断」として、むりやり花嫁を下馬させた。

怒ったのが与右衛門家である。翌朝、与右衛門は三人の子どもと下人など八人を率いて、紋右衛門家を襲撃して、紋右衛門の家族と下人六人を斬殺した。その場で与右衛門は自害する。

この事件、どう見ても花嫁を下馬させた紋右衛門に罪がある。花嫁が全身白無垢《しろむく》姿なのは、娘として死んだ状態を意味する。それゆえ自分では歩けず馬や輿《こし》を使うわけだ。花嫁衣装が白装束なのは死人の喪服だからであり、お色直しで嫁として生き返る。

花嫁の乗馬のしきたりは承知のはずだが、むりやり下馬させたのは明らかに嫌《いや》がらせであり、嫁入りを無効にしてしまう行為だった。だからといって、それを一家全滅で報《むく》いるのも、どうにもやりきれない。

そんな風潮を改めようとしたのが、生類憐みの令である。今にいたって学校で「命の教育」などといっているのは、生類憐みの令の意義を子細に検討せず、「犬公方《いぬくぼう》による天下の悪法」と決めつけた報いかもしれない。

しかも生類憐みの令は原則として、幕府領にのみ出されたものである。諸大名はお追従《ついしょう》したにすぎない。

記録に残る限り、この一連の法令で処分されたのは六十九件。そのうち四十六件を武士、足軽、中間が占める。法令を遵守《じゅんしゅ》執行すべき者が違反したので罰した例が圧倒的に多い。町人は十五件、農民六件、寺二件で、彼らは生き物を捕獲して売ったことを咎《とが》められた。同じ罪でも武家なら死罪だが、町人は遠島ですんだ。生類憐みの令が施行されていた二十二年間で六十九件とは、単純に平均すると一年で約三件にすぎない。後世騒がれるほどの虐政《ぎゃくせい》が吹き荒れたとはとても思えない。

将軍側近の「側用人《そばようにん》」柳沢吉保《やなぎさわよしやす》や、江戸郊外の中野に巨大な犬小屋を作って一万石の大名に加増された作事総奉行の米倉昌尹《よねくらまさただ》が、この政策を実行した。いずれも元甲州武田家の家臣だが、彼らばかりが将軍の覚えがいいので、「旗本の大将」を自負する水戸光圀としては面白くなかったのかもしれない。

生類憐みの令は、「将軍が人々の精神面まで支配しようとしたもの」というのが定説になっているが、考えすぎで政治的すぎる。結果論としては、生類憐みの令で戦国乱世以来の殺伐とした人生観から「オレたちも生類」と皆が気づいたのではあるまいか。

「犬将軍」と誹謗《ひぼう》された将軍綱吉は、江戸時代を武断政治から文治主義に大きく舵を切ってのけた。ときあたかも関ヶ原合戦から八十五年、大坂夏の陣から七十年の難しい時代で、軍学者・由比正雪《ゆいしょうせつ》の乱など幕政への抵抗もあった。それでも発令後は武士が刀を抜くことは激減し、仇討《あだう》ちさえも奨励されなくなる。

綱吉を名君にしたのは、母親としか思えない。母親の三代将軍家光《いえみつ》の側室「玉」は、京の八百屋の娘（西陣織屋の娘とも）といわれる。家光の死後は桂昌院《けいしょういん》と号したが、町方の娘として武士の横暴を幼児から熟知していた。聡明な女性だった桂昌院は、武家の横暴を綱吉に語って聞かせ、勉学に励むよう仕向けた。のちに綱吉は儒学に精通し、老中はじめ家臣に講義するほどにまでなった。

桂昌院は増上寺の住職から「将軍として多くの時間を学問に費やすのは納得できない」と抗議されると、明瞭に否定している。荻生《おぎゅう》徂来《そらい》（のちに八代将軍吉宗の知恵袋となった儒者）の講義を聞くほどの理解力を持つ女性である。現存する手紙を見ると、桂昌院は漢字まで学んだことがわかる。乱世から穏やかな世へと変貌させた五代将軍綱吉は、通説とは異なり、町方の優れた母親の影響を受けた聡明な名君だった。

老中は座布団に座れない

映画やテレビでは、初代将軍家康や三代将軍家光、あるいは老中までがドカリと座布団に座った場面が描かれる。そのさい、座布団のみならず、脇息《きようそく》（肘《ひじ》を載せる台）などに寄りかかっていたりするが、これも江戸の現実なのか、しっかり検証せねばならない。

座布団が出現した時期は定かではないが、徳川家康の時代に存在したかどうかは微妙なところである。

風俗研究家の江馬《えま》務《つとむ》も、その礼法のくだりで首をひねって不思議がっている。

「座布団の敷き方の礼法は、採り上げているものがない」

江戸時代に大成された室町《むろまち》時代からの武家故実・礼法の小笠原流や伊勢流も、座布団について何も触れていない。なぜなら座布団は公式の場では使用しなかったからである。

江戸城で座布団を敷くことができたのは、将軍と御三家ぐらいまでで、それ以下は老中であっても許されなかった。

老中は御用部屋という畳敷きの部屋に座って執務したが、畳の下に柔らかいパンヤ（綿などのクッション）が詰めてある。座布団を敷かない代わりに畳の下を柔らかくしていた。

江戸幕府の閣僚でさえ座布団禁止なのだから、どんな大藩の大名でも江戸城で座布団を敷くことはなかった。

最後の安芸《あき》広島藩主の浅野《あさの》長勲《ながこと》は、若き藩主だった頃を回想し、次のように語っている。

「座布団など敷きません。敷くときには『脚が痛いので許せよ』などとひとこと弁解したものです。脇息など、よほど年寄りにならなければ許されませんでした」

将軍なら脇息ぐらいは用いただろうが、諸藩の殿様となると、断言はできない。時代劇の二点セットのような殿様の座布団と脇息は、おそらく虚構に違いない。

ただし、江戸末期から幕末にかけて日本の東西を歩いて観察しながら書いた喜田川守貞《きたがわもりさだ》の風俗百科『守貞謾稿《まんこう》』によれば、「市中で客人を迎えるさい、その数だけ座布団を用意して敷き並べる」とあるので、殿様たちより町人のほうが気楽で安楽な生活をしていた。もちろん、座布団は非公式なものだから、敷き方などの作法もない。そのせいだろうが、江戸期の絵画や本の挿絵にも座布団はほとんど描かれていない。

前述の浅野長勲は座布団について、このようにも語っている。

「あれは茶屋あたりからはじまったものでしょう」

茶屋となれば、プライベートもプライベート。よって、挨拶など公式な礼をするときは、今でも座布団を敷く前にしなければならない。

さらに言うなら、武士は武をもって売っているのだから、座布団などという軟弱なものを使うことは許されなかったはずである。

水戸黄門の家紋は本当に葵の紋?

長らくテレビ時代劇の人気番組だった『水戸黄門』のオープニングを覚えているだろうか。葵《あおい》の家紋をバックに出演者や制作関係者の名前が出てくる。

この葵の紋。とりわけ、徳川家ゆかりの土地では葵紋のついた土産物が多い。今や誰もが知る家紋の一つだが、実は徳川家の葵の紋といっても、将軍家と御三家では微妙に違っており、御家門の松平家にいたっては一目見れば、誰もが気づく明瞭な違いがある。

徳川家の葵の紋は、正式には三葉《みつば》左《ひだり》葵《あおい》巴《ともえ》という。葵の紋の使用について厳格になったのは八代将軍吉宗の時代で、将軍家の葵の紋服は妻子に限って使用を許可し、他の者は厳禁とした。

寺院も御三家の菩提寺《ぼだいじ》以外は葵の紋を禁止した。

同じように見える葵の紋でも、『暴れん坊将軍』と『水戸黄門』では、葵の紋にははっきり違いが出ていなければならない。御三家内でも尾張徳川家と紀伊徳川家では違うのだが、お土産品や時代劇を見ると、なんら大差はない。

徳川将軍家の葵の紋は十一代家斉《いえなり》の時代には、葵の葉脈が十三筋のおおざっぱな葵だったが、以後は十五筋と決まった。

紀伊・尾張徳川家は、三つ葉葵のうち、表葉二つに裏葉一つと決まっていた。したがって将軍家の葵紋より筋は二本多く十七本となる。水戸徳川家にいたっては、三つ葉とも裏葉で、俗に「裏葵」という。したがって、水戸家の家紋は筋が増えて将軍家や他の御三家の紋と比べると小さく見える。

御家門の会津松平家は、茎と葉を切り離している。美濃高須《たかす》松平三万石となると、三つ葉葵を囲む円が太い線ではなく、半円状のものをつなげている。

これだけの差があるのだが、なかなか複雑で世間には知られていない。これが世間に知れ渡ったのは、明治十八～十九年（一八八五～八六）の詐欺《さぎ》事件がきっかけだった。

最後の将軍十五代慶喜《よしのぶ》公の弟を自称する松平慶承という男が、名古屋で伊藤呉服店を騙《だま》そうとした。店を訪れた慶承は、紋付衣服を誂《あつら》え進上するように命じた。同店は徳川譜代の呉服店なので、注文を承った番頭は尋ねた。

「かしこまりました。御紋のお筋立は、おいく筋にすればよろしいでしょうか」

この質問の答えにハタと窮した慶承は、曖昧《あいまい》なことを言ってそそくさと店を出た。不審に思った番頭は、店を後にした自称元将軍の弟を尾行して詐欺が露見した。

となると、各地の土産品の葵の紋も、詐欺同然のものが多くなってもおかしくない……ともいえる。

葵の御紋が持つ本当の威力

将軍家の葵の御紋の威力は凄《すご》い。幕末の十三代将軍家定《いえさだ》は、病弱で三十五歳を一期《いちご》としたが、このような逸話がある。

鷹で鶴を捕まえる「鶴御成《つるおなり》」のときのことである。七十～八十人の小さな隊列を作って、先頭の御徒《おかち》が「おはらい、おはらい」の警蹕《けいひつ》（先払いの声）を叫びながら、将軍一行は江戸の郊外へと向かっていた。

道筋の町人は土下座して、将軍の薙刀《なぎなた》が見えると頭を地面に擦《こす》りつけた。そのなかに上州屋の主人がいた。店先で頭を地面に擦りつけているので、地面しか見えない。

時代劇で「面《おもて》を上げぃ」というセリフがよく出てくるが、将軍はもとより上位の人の前では相手の顔を見ないのが作法だ。そのせいで近代になっても日本人は、相手の目を見て話さなかったという。それゆえ西洋人に不気味がられていたが、これは江戸の頃からのしきたりの残滓《ざんし》であろう。

ともかく、上州屋は地面に頭を擦りつけているので、何も見えない。何も見えないが、なんだか騒がしい。それもそのはず、行列の乗り物から降りた将軍家定が、上州屋に入ったのである。

近習《きんじゅ》の者がバラバラと上州屋に飛び込んで、「これ亭主、お敷物をお敷物を」と急《せ》かすが、土下座するばかりだった上州屋は、狼狽《ろうばい》の極《きわ》みである。番頭が真新しい琉球《りゅうきゅう》茣蓙《ござ》を茶の間に敷いて、土間に飛び降りて平伏した。

今度は近習の侍の「これ亭主、お湯を差し上げろ」との声。上州屋は動転したまま、急いで近くにあった欠けた湯呑《ゆの》み茶碗で差し上げた。

その間、将軍家定は敷物に腰かけて、威風凛然《りんぜん》たるもの。お医者が来て将軍の脈を取り、慌ただしい騒ぎの末、立ち去って浅草方面に向かった。

いっぽう、上州屋は何がなんだかわからず、ふたたび地面に頭を擦りつけて平伏して送り出したので、皆目、事態がのみこめない。番頭の機転がなかったら、どうなったかわからなかったほどである。

翌日、町年寄から「出頭せよ」との命を受けた。慄然《りつぜん》とした上州屋は、「もしや欠けた湯呑みを出したので、打ち首か」と青くなって出頭した。すると、墨で黒々と「御成先御用《おなりさきごよう》」と書かれた提灯《ちょうちん》と銭五貫文（二両一分＝二十五万円）を下された。

ホッとして提灯を店に持ち帰ると、近所の者が集まり、「これはめでたい。おひろめのお祝いだ」といわれて、やっと上州屋も嬉《うれ》しくなり、近所の者を集めてひろめのお祝いで大宴会を張った。おかげで下賜《かし》された銭五貫文は消えて、赤字さえ出た。宴会が終わってみれば、むしろ散財しただけで、ありがた迷惑としか思えない。御成提灯を手に「こんなもの、もらっても」と文句を言い、店の隅に押し込んでしまった。

慶応元年《けいおう》（一八六五）師走《しわす》に火事があり、紅蓮《ぐれん》の炎が上州屋にも迫り、炎はチロチロと店先を舐《な》めはじめた。いよいよ危ないと思っている上州屋のもとへ、町役人《ちょうやくにん》が飛んで来て言う。

「何をしている。早く御成先御用の提灯を出せ」

町役人に命じられ、上州屋は店の奥から古提灯を出して店前へ掲げた。提げるやいなや、町奉行の山口駿河守《するがのかみ》が弾丸のように飛んできて、店の前にピタリと床几《しょうぎ》を据えた。次いで与力《よりき》二十〜三十人が駿河守の周囲に人襖《ひとぶすま》を作り、火の粉を払う。

「それっ、御成先御用の家だ」

火消連中が大挙して集まり、屋根に纒を据える。おかげで大火の中、上州屋だけは焼けずにすんだ。それほど「葵の紋」の「御成先御用」の威力はあったのである。

将軍は十四代に代わっていたが、「御成先御用提灯」のおひろめをしたので、町役人も覚えていたのである。江戸時代のしきたりで重要なのは、何事も「披露宴」をして人々に周知してもらうことだった。

令和になった今、教会や神前の儀式はなしでも友達を呼んで結婚パーティーぐらいはするだろう。こういったことを現在でも重視するのも、江戸時代のおひろめの伝統が生きているからである。

命と引き換えだった「斬捨御免」

武士階級は帯刀の特権を持っているので、町人や農民から無礼なことを受ければ、斬殺が許されており、これを「無礼打《ぶれいうち》」といった。八代将軍吉宗の時代にまとめられた「御《お》定《さだめ》書百箇《がきひやつか》条《じよう》」の第七十一条には、この殺人の特権が認められている。

「足軽程度の身分であっても、町人や百姓から法外な雑言《ぞうごん》等を受けて、やむを得ず斬り殺した者は、調べたうえで紛《まぎ》れもなく無礼が事実であれば処罰されない」

この規定は幕府初期からの慣習法を成文化したものだが、諸大名の城下はともかく江戸では厳密な運用がされた。

とくに五代将軍綱吉以降、実のところ、武士は抜刀すれば自身も死ぬのを覚悟しなければならなかった。無礼打は武士の威儀と体面を重んずるための行為である。武士の面目を潰《つぶ》されれば、武士側も「切腹」「召し放ち（解雇）」を覚悟して抜刀し面目を施さなければならない。いずれにしても無罪放免ということはなく、殺人事件として捜査された。

将軍吉宗の享保十二年（一七二七）の大晦日《おおみそか》の夜。幕臣の松崎十右衛門と浦野藤右衛門は、小日向台町《こひなただいちょう》の町人の与兵衛と路上で喧嘩《けんか》となった。「おのれ町人の分際で！」とばかりに松崎が腰の刀を抜き放ち、与兵衛に斬りつけた。おそらく与兵衛はバタリと倒れたに違いない。ただし、傷の程度は定かではないが、なんと生きていたのである。松崎と浦野の二人はそうとも知らず、「仕留《しとめ》」もなく帰宅し、上役や町会所にも届け出なかった。

これが問題になった。確実に仕留ることもなく、関係者に報告もしなかったのが「不埒《ふらち》」と咎《とが》められ、松崎は召し放ち、浦野は改易に処せられた。喧嘩相手の与兵衛は無罪でお咎めなしである。

反対に武士が町人に手疵《てきず》を負わされる、また殺された場合は、武士にあるまじき「不覚」として、このうえない不面目となった。江戸後期の名古屋城下の例だが、ある祭礼の夜、武士と町人が喧嘩となり、町人が脇差を振るって武士を斬り殺してしまった。この場合、斬り殺された武士の「一分《いちぶん》が立たず」、つまり面目が立たぬという理由で殺され損になり、町人にはお咎めの一つもなかった。

では、たとえば酔漢相手に身を守る場合はどうしたらよいか。

岡山城下でのこと。とある晩、藩士の浜田七左衛門が新妻を連れて実家に帰る道中、南部彦兵衛と路上でバッタリ出会った。南部彦兵衛は身持ちのよくない武士で通っており、このときも酔って若夫婦の浜田を盛んに冷やかし、猥褻《わいせつ》な悪口まで浴びせる始末だった。あげく妻の尻に触れたため、「もはや堪忍《かんにん》ならぬ」と浜田は抜刀して、南部と斬り結んだ。浜田の怒りの刃《やいば》が一閃《いっせん》し、南部は血飛沫《ちしぶき》を上げて倒れた。浜田は事の顚末《てんまつ》を町奉行所に届け出た。すると――。

「いくら相手が酔っており、やむを得ぬこととはいえ、路上の私闘で同僚を殺したとなると大罪は免《まぬが》れぬ」

奉行からこのように言われ、浜田七左衛門の顔から色が消えた。正当防衛が殺人罪となる町奉行所の思わぬ裁定。この判決に憔悴《しょうすい》しきった浜田は、帰宅すると切腹して果てた。突然の振ってわいたような災難で、不可抗力とも思えるが、やはり、いったん刀を抜いたらただではすまなかった。仮に酔っぱらいに逃げられても「武士道不覚」で切腹ものだった。

帯刀の特権がかえって厄介《やっかい》な重荷となり、後期の江戸の遊廓では「二本差し」は野暮《やぼ》とまでされた。武士自ら細身の刀を誂《あつら》えて町人の脇差まがいにし、髷《まげ》まで町人風にして「町人に見えるだろう」と自慢したらしい。貧乏で不自由な武士よりも、豊かな町人のほうが吉原ではモテたのだ。

『江戸幕末滞在記』を書いたフランス海軍士官のスエンソンも次のように断言している。

「日本人は身分の高い人物の前に出たときでさえ、めったに物怖《ものお》じすることがない」

武士が尊敬されていたのは事実だが、映画やドラマのように「ははぁー、お武家様」と町人や農民が卑屈になって頭《こうべ》を垂れる存在ではなかった。

斬捨御免は金で解決できた

大名行列の供先を横切ると斬捨御免といわれる。代表的な事件は「生麦事件《なまむぎじけん》」であろう。

文久《ぶんきゅう》二年（一八六二）八月二十一日、東海道の生麦村（神奈川県横浜市）で事件は起きた。

英国人の貿易商リチャードソンと男性二人に女性一人の四人が、東海道で乗馬を楽しんでいたところ、前方に薩摩《さつま》の島津《しまづ》久光《ひさみつ》の行列が見えた。供揃《ともぞろえ》の先頭の侍がやって来て、リチャードソンたちに引き返すよう命じた。リチャードソンが馬首の向きを変えようとしていると、行列のなかから警護の侍が抜刀して近づき、気合一発、飛び上がり、馬上のリチャードソンに斬りつけた。リチャードソンはさらに数人の侍に斬りかかられ、必死に逃亡したが、落馬した。

その後、リチャードソンは道ばたで横たわっているところを斬りつけられて、手と足を失って死んだ。他の二人の男も斬られて深手を負いながら、女性に「馬を飛ばせ、私たちはあなたを助けられない」と叫んだという。

からくも逃げおおせた女性の通報で、英国海軍の兵士と軍医が、止血帯や包帯などが入った医療ケースを持って、完全武装の兵とともに現場に駆けつけた。英国軍医の一行は、薩摩の行列をピストルで威嚇《いかく》しながら割って通り抜けた。その後、リチャードソンの遺体を横浜の居留地へ運んでいる。

さて、乗馬中の英国人が薩摩の行列を妨害して斬捨御免で殺傷された生麦事件は、居留地の外国人を激怒させた。そのなかで意外な外国人の感想が残っている。行列を乱した英国人リチャードソンは「斬られて当然」という意見が外国人のなかにあった。

この意見を支持したのは、他ならぬリチャードソンの父親だった。オランダ人医師・ポンペの『ポンペ日本滞在見聞記』によると、リチャードソンの父親にヨーロッパで偶然会ったことがあり、次のように語ったと書き残している。

「息子のやったことは許されることではありません。しかし、(英国の外相である)ラッセル卿の意見は私と違っていた」

この父親の言葉が、虚か実かは証明できない。実のところ、オランダは幕府から「南蛮の旗本」と呼ばれるほど幕府びいきであり、強い反英感情をもっていた。ポンペがリチャードソンの父親の言葉を借りて、斬り捨て行為を支持したのも、英蘭の暗闘のような気がしないでもない。他にもう一人、「日本の風儀を知らないリチャードソンは自業自得だ」と唾棄《だき》した外国人がいる。アメリカ人商人のヴァン・リードである。リードは事件前に島津の行列に遭遇したが、礼節をわきまえて見事にやり過ごしていた。

江戸の町中では、いつも大名が供揃を従えて行き来しているので、江戸の住民が供先を横切ることもままあった。ある女性の回想が残っている。

「私が十歳の子どものときなんですが、津軽《つがる》様へ奥平様がお越しのみぎり、お供先を切ってしまったんです。出会い頭だったもんで、どうしていいかわからず、駆け抜けますと……」

彼女の話によると、十歳の頃に大名行列の供先を横切ったことになる。しかし、回想しているくらいだから、このとき斬り捨てにはならなかった。

では、少女はどうなったのか？

彼女はグイと侍に腕をつかまれると、引き戻された。その場はそれですんだが、後日談がある。供頭の侍が少女の家にやってきた。

「その方の娘が供先を切った」

こう言って、娘の両親を脅した。親は土間に平伏したまま、「へ、へーっ」と頭を擦《こす》りつけて十両（二百万円）を差し出し、お引き取りを願った。先の女性は続ける。

「何かあるとお金なんです。わたしの親は大名がよく通る麹町や平河町《ひらかわちょう》（ともに東京都千代田区）なんか、うっかり通れなかったと言いました。行列が多くてどっちから行列が来るんだか見当もつかず、狼狽《ろうばい》していると、お供先を切ることになるんで……」

大名の登城・下城が多くて、江戸の住民は大名行列に泣かされたが、家臣はこれを金づるにして、ひそかに金で解決していた。殿様には内緒だったが、これでは威厳も何もあったものではない。今も昔も世知辛《せちがら》いご時世というものである。

斬捨御免で復讐されたバカ殿

そのご時世も知らないバカ殿様もいた。十一代将軍家斉の二十五番目の息子は、播州《ばんしゅう》（兵庫県）明石《あかし》藩十万石の松平家の養子となって、斉宣《なりこと》という殿様になった。将軍の息子二十五号を妙に誇り、所領の半分五万石を幕府に献じて、威勢のいい交換条件を出した。

「参勤道中斬捨御免」。つまり、斬捨御免の許可である。

この明石の坊ちゃん殿様は、二十五男ともなると粗製濫造だったのか、どうも狂気じみている。

親父の威光で、天下を一睨《ひとにら》みする気炎を吐いて、参勤道中の中山道《なかせんどう》「木曽路」に入った。

そのさい、猟師の三歳の息子が坊ちゃん殿様の行列を横切った。待ってましたとばかりに、「それ、道切り」と家臣が取り押さえた。

その夜の明石侯本陣には、前後の宿駅から宿役人以下大勢が幼児のもらい下げに出て、僧侶も神主も刑の執行をとどまるように嘆願した。

それでも血気にはやる坊ちゃん殿様は、「余が行列を犯すうえは宥免《ゆうめん》ならぬ」と三歳の幼児を斬って捨てた。

事態を知って烈火のごとく怒ったのが尾張徳川家である。中山道の木曽路は尾張領で、領民の幼児を理不尽にも殺すとは、「いかにしても明石の乱暴は棄《す》ておけぬ」と使者を明石松平家に立てた。「今後、当家の領土を通行御無用」と尾張領内通行禁止を宣告したのだ。

困ったのは、二十五号殿様こと松平斉宣である。中山道はむろんのこと、東海道も尾張領内を走っている。それを避けるとなると、事実上、参勤交代はできなくなる。

そもそも主要五街道は、そのように親藩・譜代大名が配置されている。

父親に泣きつきたくても、先の将軍家斉は故人である。しかも喧嘩相手は親類の徳川御三家筆頭と来る。

明石松平家は詮方《せんかた》なく、中山道をコソコソ潜行することにした。坊ちゃん殿様の供揃は、脇差一本のみで、半纏股引《はんてんももひき》の農民の姿。手拭でほっかぶりまでする念の入れようで、供侍の刀はまとめて革袋に隠して人足が担ぐありさま……。このような恥ずかしい姿を平戸侯こと松浦静山《まつらせいざん》に目撃されて、侯の随筆『甲子夜話《かっしやわ》』に記録されてしまった。

のみならず、幼児を殺された親の怨みは消えるわけがない。父親は猟師なので鉄砲ワザを磨いて、ひそかに復讐《ふくしゅう》の機会を狙っていた。

弘化《こうか》元年（一八四四）六月二日、明石侯松平斉宣の喪《も》が発せられた。享年二十。猟師の放った怨みの一弾が、明石の馬鹿殿を木曽路の露としたのであった。参勤道中で討ち取られた大名は、この一例ぐらいだろう。それも武士以外の相手にだ。

余談だが、この逸話をベースに脚色し映像化された作品が『十三人の刺客』であり、ご覧になった方も多いだろう。

日本刀の切れ味はいかほど？

『十三人の刺客』は、十三人対五十三人の殺陣《たて》シーン、つまり「チャンバラ」場面がクライマックスだったが、言うまでもなく時代劇や時代小説に欠かせないのが、この斬り合い、チャンバラだ。では、現実のチャンバラがどのようなものだったかを記すことにする。

まずは日本刀の切れ味についてだ。それには幕末に起きた殺人事件の記録が明瞭である。

元治《げんじ》元年（一八六四）十一月二十一日、「鎌倉英人殺害事件」が発生した。

横浜駐屯のイギリス陸軍第二〇連隊二大隊のボールドウィン少佐とバード中尉が、横浜から騎馬で金沢八景、江ノ島、鎌倉と回り、大仏を見学後、金沢方面へ向かおうとしたとき、事件が起きる。とある武士の襲撃に遭《あ》い、一刀のもとに斬り殺されたのだ。

現場は現在の神奈川県鎌倉市御成町《おなりまち》、「下馬の交差点」と呼ばれるJR横須賀線のガード下付近である。現場近くの畑を耕していた葉山村《はやまむら》（神奈川県三浦郡葉山町）の農民が事件を目撃していた。

英国人はそれぞれ単独で馬に揺られていたが、そこへ武士態《てい》の男が抜刀して走り寄り、二人を飛び上がって肩口から斜めに斬り下ろす「袈裟懸《けさが》け」にした。その後、犯人は江戸方面へと逃げた。

目撃していた農民が驚いて周囲へ知らせに走った。近所の人が駆けつけると、ボールドウィン少佐はこと切れており、バード中尉のみを付近の小町《こまち》（神奈川県鎌倉市）の住宅へ運び込んだ。まだ息があるので、さっそく医師が駆けつけて煎《せん》じ薬《ぐすり》を作りはじめた。薬ができたので、寝かせていたバード中尉を抱き起こし、口元に茶碗を寄せて薬を飲ませたところ、突然、絶命してしまった。あたかも薬が毒だったかのようで、全員は血の気が引く思いがしたという。

調べてみると、頸動脈《けいどうみやく》を斬られていたが、あまりにスパリと斬られていたので、切断されたまま分離せず、血液が流れていた。それが薬を飲ませるために抱き起こして動かしたため、斬られた動脈が切り離れ、血液循環が一気に停止し心臓が止まってしまったらしい。

それほど日本刀は鋭利な刃物である。

ここで判明することは、いかに日本刀の切れ味が凄《すさ》まじいものかであり、と同時に斬りつけられた部位が致命的でなければ、止血して助かるということである。多くの場合、斬られて死ぬのは、大量出血による出血性ショックである。

大量の出血によって体内を循環する血液量が減少して、末梢《まつしよう》神経が酸欠となり、顔面や四肢が蒼白となる。血流減少で無気力・無力状態に陥り倒れてしまうのが、出血性ショックである。やがて、全身への血流が減少で心拍数が減って呼吸が浅くなり、多臓器不全を起こす。腎不全《じんふぜん》から血中の酪酸《らくさん》濃度が高まり、脳の酸欠で意識を失い、心停止する。この過程を早い段階で止血して防げば、臓器へのダメージが少なくてすみ、いずれ回復にいたる。

そういうわけで、斬られて死ぬのは斬首ならともかく、死ぬまでに時間がかかる。

日本刀は鋼鉄を軟鉄でくるんでいるため、鍛冶《かじ》の過程であのような反《そ》りが出る。特徴として、折れにくいが、曲がりやすい。チャンチャンと刃《やいば》を交《か》わすと、刃こぼれし、ほとんど切れなくなり、曲がった刀身は鞘《さや》に納まらなくなる。

そこで基本的には、頃合いを見て一瞬で斬らなければならない。居合道もしくは抜刀術は、日本刀での理想の斬り方だ。

幕末、辻斬りが江戸市中で流行したが、その技術は忘れられていた。二人組の辻斬りに遭った町人が這《ほ》う這うの体《てい》で逃げ出し、その恐怖を語っている。

辻斬りたちは、興奮して「ハーハー」と荒い呼吸をしながら、逃げようと悶《もだ》える町人を押さえつけると、一人が早口でもう一人に言った。

「落ち着け、落ち着け。キミ、早く斬らんか」

二人がそうやっているうちに町人は逃げ出した。

隙を見て一刀のもとで斬らなければ、日本刀は実戦向きとはいえない。刀身は重いが、その刃は鋭利な剃刀《かみそり》ほど切れる。時代劇のようにバッタバッタと何人もの敵を斬り倒していたら、おそらく刃は歯こぼれと血糊《ちのり》で、四人もしくは五人目あたりからは、相手に打撲傷を与えるだけになるだろう。

女性の「敵討」はなかった

時代劇でお馴染《なじ》みの場面に「敵討《かたきうち》」がある。うら若い娘が眦《まなじり》を決し、弟らしき少年と「父の仇《かたき》!」と声を上げ、中年侍相手に健気《けなげ》に白刃《しらは》を向けているシーンを目にしたことがあるだろう。娘は武家の旅姿で赤いたすきがけ。弟は腰が浮いて「しっかりなさい」と鈴の音《ね》のような声で叱咤《しった》される始末。そこへ腕の立つ主人公の浪人が現われると、「か弱き女子の手に余ると拝察いたす」と助太刀を申し出るや、スラリと白刃を抜き、中年侍をバッサリ、さらに「お女中、早く止《とど》めを」と娘に声をかける。娘も美しい眦を上げ、黄色い声で「エイっ!」と相手の胸を懐剣で突く。敵討を見守る町の人々からやんやの喝采《かっさい》を浴び、めでたしめでたしとなる。

ところが、現実ではこうはうまくいかない。まず「めでたし」で終わらず、次に大変な事態が待っている。敵討といっても殺人事件なので、町奉行所が乗り出してくる。奉行所では敵討の姉弟と助太刀者の関係が詮索される。浪人は敵討にたまたま出くわしたにすぎない。それゆえ「か弱き女子の手に余るゆえ、拙者、義を持って」などと力んで見得《みえ》を切っても、縁者ではないと判明すれば、ただではすまない。

「浪人の分際《ぶんざい》で身のほどをわきまえぬ狼藉者《ろうぜきもの》！　なんの縁《ゆかり》もなく女子ゆえ好色をもっての所業、不埒極《ふらちきわ》まる。ゆえに江戸お構え（追放）を申しつける」

満面朱にした町奉行の大目玉を食らい、翌日から浪人は江戸郊外をさすらう身に墜《お》ちてしまう。喜んで見ていた筆者も同罪であり、「好色の所業不埒」の一語に恥じざるを得ない。

テレビ時代劇の十八番《おはこ》の場面は、敵討について二つの大嘘《うそ》がある。まず、江戸時代を通じて記録に残る限り、「女子の敵討は皆無」だったこと。もう一つ、「助太刀は縁者に限られる」との事実だ。どのように厳しく詮索されたか、一例をあげる。

江戸前期の寛永《かんえい》十八年（一六四一）、「大炊《おおい》殿橋前の敵討」という事件があった。現在の神田橋付近、土井大炊頭邸前での敵討である。

事件は、越前敦賀《つるが》（福井県）九万石家臣の多賀孫兵衛が、同僚の箕浦与四郎と内藤八右衛門の両人に騙《だま》し討ちされたところから始まる。犯人の箕浦と内藤は逐電《ちくでん》した。孫兵衛が殺されたとき、次弟の孫左衛門は十三歳、三弟の忠太は十一歳にすぎない。歯ぎしりした多賀兄弟は、兄の敵を求めて脱藩する。

逐電した箕浦与四郎は下総佐倉の土井大炊頭に仕えたが、三十歳で死亡していた。多賀兄弟の狙いは、残された内藤八右衛門に絞られた。多賀兄弟が内藤を探すこと二十一年。内藤は豊前中津《ぶぜんなかつ》（大分県）の小笠原家に召し抱えられていた。兄弟の行動は江戸の諸藩邸でも有名になり、内藤の動静を兄弟に伝える人々も出てきた。

ある日のこと。内藤八右衛門が土井大炊頭邸へ使者に向かうことが判明した。多賀兄弟は帰り道で待ち伏せを決めた。多賀孫左衛門は三十四、忠太は三十二となっていた。

当日、土井大炊頭邸の門前で助太刀二人を含め計四人で、「兄の敵！」と内藤八右衛門に斬りかかった。腕に覚えのある内藤は「返討《かえりうち》にしてくれぬ」とばかり、多賀兄弟と助太刀二人を相手に激戦となった。多賀孫左衛門は手傷を負ったが、見事に本懐を遂げた。四人は悠々と引き上げようとするや、邸《やしき》の者が出て来て町奉行所までの同行を願い、結果、多賀兄弟は連行されることとなった。

多賀孫左衛門は怪我が重く、すでに絶命していた。奉行所は忠太に向かって助太刀者の身分を厳しく問い質《ただ》した。

「助太刀に出て来た上田右衛門と申す者、これはどういう者か」

「この者は我ら兄弟の妹の子で、伯父の敵になるので連れてまいりました」

「されば、同じく市太夫とはどういう者か」

奉行所が立て続けに尋ねた。忠太に代わってもう一人の助太刀、市太夫が自ら口を開く。

「私は浪人中、亡き孫兵衛殿に世話になりました。その恩返しのため、いま一つは兄弟が敵の顔を見知っておりませんから、旧恩を報じ、かつは敵の顔を見知らぬ兄弟のために、助太刀いたしたものでございます」

結局、「いずれも申し開き十分」と全員が赦《ゆる》されたが、とくに縁戚関係以外の助太刀は、正当な理由が必要となる。

もともと、敵討は法度《はっと》（国法）などなく、中世からの慣習であり、江戸時代も武家のみには認めるしかなかった（正当な理由があれば、武士以外の敵討も黙認されている）。

この「殺しの免許証」が、江戸時代になると治安上の足枷《あしかせ》ともなった。

偽書ともいわれる徳川家康の遺訓に次のような言葉がある。

「若い者どもよく心得よ。父の敵《かたき》、(主)君の敵、兄の敵など討ち取っても、武辺の誉《ほま》れにはならない」

偽書としても同様の考え方が江戸時代にあったことを示唆する。殺されることは「武士の不覚」であり、その敵を討つなど名誉なことでもなんでもないというわけだ。実は旗本や御家人の敵討の例はほとんどない。彼らは「敵討など田舎侍《いなかざむらい》のすること」と考えていた。

命がけのうえに面倒だった敵討

そもそも敵討《かたきうち》の手続きは煩雑《はんざつ》である。

●主家(藩)へ届け出て、敵討の「免状」を獲得する。
●主家(藩)から幕府三奉行所へ、敵討許可の旨《むね》を届け出てもらい、江戸町奉行所は「敵討帳」に記載する。その写し(謄本)を当人が所持していれば、奉行所は詮議しない。
●敵を発見したら、その土地の支配役所へあらかじめ届け出る。即座に敵を討った場合は結果を支配役所に届け出る。
●敵を支配役所が発見した場合、敵を捕縛して江戸表に伺いを立て、江戸町奉行所の敵討帳に名前が記載されていれば、敵討実行の指令が発せられる。その指令を受けて支配役所は、敵討の場を設定し、双方を対決させる。たとえ返討となっても、返討された遺族による敵討は認められない。

以上の手続きを踏んでるうちに敵が逃げ出すか、気力が失《う》せそうだが、そこに狙いがあったのかもしれない。武家の敵討は時代とともに減った。

平出鏗二郎《こうじろう》の『敵討』によれば、江戸初期から一七五〇年代前般まで百五十年間は、五十一件の敵討があり、そのうち四十二件の八十二パーセントは武士で、庶民は七件の十四パーセントにすぎなった。三年に一件程度にすぎない。

それ以後、幕末まで百二十年間で五十三件の敵討があったが、武士は二十四人の四十五パーセントに減った。かたや庶民は二十六件で四十九パーセントにのぼる。武士による敵討は五年に一度に激減して、その分、庶民のものが激増した。武家の敵討が減るのは、時代とともに敵討への待遇が悪くなったからである。

江戸初期は敵討の待遇がよい。敵討に出る者は、当座金を賜《たまわ》り、その後もお手当を頂戴《ちょうだい》して、敵を討てばただちに帰参が許される。のみならず、加増さえあった。

これが元禄末期から享保になると変わる。敵討の場合には、自分の頭《かしら》である支配方へ申し立て、老職重臣に伝える。すると、「永《なが》の暇《いとま》」が出る。

「本意《ほい》を遂げたら、その首尾を申し出るように」と上司から伝えられはするが、帰参の保証は口にされなかった。当座の手当もないし、その後の生活は親類縁者一族の支援だけで、それも年月を経《へ》ればなくなる。敵に出会うまでは二年や三年ではすまない場合が圧倒的に多い。最高五十三年もかかった例があり、十年かかって敵討をしても、主家への帰参も保証されないのだから、武家の敵討は当然廃《すた》る。

安政《あんせい》四年（一八五七）、仙台の祝《いわい》田浜《だはま》で思わぬ敵討騒動があった。越後《えちご》新発田《しばた》（新潟県）藩士の久米孝太郎が十八歳の時に父を殺した滝口休右衛門を見つけて、「父のかたきぃー」と斬りつけたもので、見事に斬り倒して本懐を遂げた。久米孝太郎はすでに五十九歳の老年で、討たれた滝口は、その父を殺したのだから齢七十を越していたに相違ない。よくぞ、四十一年も敵を求めて旅を続けたものである。

敵討は父や兄・姉など目上の者が殺された場合のみで、弟の敵討は認められない。有名な「妻敵《めがたき》討《うち》」も女房を奪った間男狩りであるから馬鹿にされた。松平《まつだいら》伊豆守《いずのかみ》は仕官を斡《あっ》旋《せん》するさいに人物保証として、「この者は妻敵討などするような者ではござらぬ」と一筆添えている。諸々の理由から武家の敵討は、ほとんど流行しなくなっていった。

無作法だった時代劇の切腹シーン

敵討といえば、仇敵《きゅうてき》を屠る究極の復讐方法があった。遺恨《いこん》のある相手を名指ししたうえで先に切腹すると、名指しされた人も腹を切らねばならないという、「指腹《さしばら》」という習わしである。喧嘩両成敗という観点からだろうが、切腹を拒《こば》んだ場合は上意により命じられることもあったという。

さて、時代劇の切腹の場面では、三方《さんぽう》に載せた小刀を手にすると、やおら腰の下に三方をあてて腹を切る。

ちなみに三方は神前に供物《くもつ》を供えるさいに使用される台のことで、八角形のお盆の下に台がついており、台の三方向に穴があいていることから、その名がついた。

あたかも腰に三方をあてがうのが作法のように思われているが、これはどちらかというと不作法に類する。本来、三方をあてず、腹筋に力を入れて切るのが、武士の面目だった。腰に三方をあてるのは中腰の姿勢に近くなり、腹筋に力が入りやすくなった。

腹は脂肪が多くて、よほど腹筋に力を入れないと刃も立たない。やたら「腹を切る」とか「切腹もの」などと言うが、切腹は実に至難《しなん》のワザである。

まず、腹筋に力を入れて、腹を固くしてから刃を突き刺す。腹筋は横に張っているので、グイと刺して、横に引くことはできる。腹に力が入っているので、腹圧も高い。そこへ腹筋に添って傷がつくと、すぐに傷口は腹圧に押されて開き、まず腸が飛び出す。この段階で、出血性ショックがはじまり、やがて顔面蒼白となり、姿勢も保てなくなる。たいがいは、こうなる前に介錯人《かいしゃくにん》が首をはねるが、介錯する人がいないと、腹を切ったまま倒れ込み、出血性ショックによる多臓器不全で脳が酸欠になるまで、半日程度は生きていることになる。今日であれば、この段階で病院に運ばれると、止血と輸血で回復する可能性は高い。

武家の切腹の作法で、不本意で腹を切らねばならないとき、「十文字腹」という作法で切腹する。これは腹を左右に切ってから、腸をはみ出させながらも、タテに腹部を切る。たいがい腹部の真ん中あたりを深く刺すと肝臓に刃が届く。すると、耐えられない激痛が走り、それ以上は進行できずに気を失う。

それを乗り越えて、十文字腹を切った正確な記録は江戸時代には少ない。戦国時代の文献には登場するが、よほど剛の者でなければ不可能な作法ともいえる。

世間を渡るのに学問はいらない

江戸後期の寛政《かんせい》二年（一七九〇）、国学者の伴蒿蹊《ばんこうけい》が書いた『近世畸人伝《きんせいきじんでん》』に摂津《せっつ》（大阪府）の富豪の話が収録されている。

この富豪は学問を好み、儒学に長じて、隠居後は学問三昧《ざんまい》の生活を送った。儒学は机上の学問ではないので、それを実践して、しばしば世にひそかに徳を施した。富豪なので多くの人に富を分け与えたのだろう。

そんな徳があるから、この富豪が亡くなると、遠方から男女が集まって泣き悲しみ、釈迦《しゃか》の入滅《にゅうめつ》（死去）のときを思い起こさせるほどだったという。

その席に一人の老婆がいて、富豪の死を悲しみながら、こう言った。

「これほど学問なさってさえも善《よ》い人であったのに、もし学問なさらなかったら、どれほど善い人であったやら」

この老婆にとって学問は道楽にでも思えたらしい。

世間一般では江戸時代の前期には、学問など善人になる妨《さまた》げと考えられて、世を渡るには学問は不要とされた。慶安《けいあん》二年（一六四九）に刊行された儒学者の中江藤樹《なかえとうじゅ》による教訓書『翁問答《おきなもんどう》』には、以下のように記されている。

「世俗の取り沙汰に学問は坊主衆、あるいは出家のすることで、武士のすることではない。学問をしすぎた人は軟弱《ぬるく》て武士が立たない、などといって武士のなかで学問をする人があれば、かえって悪口をいう」

世間の学問に対する見方を藤樹は嘆き、次のように続けている。

「書物を読むだけが学問と思っているから、そのような評判が出る。もともと学問は心のけがれを清め、身の行ないをよくするのを本実（真の目的）とする。その心を明らかにして、身を修める思案工夫のない人は、四書五経の本を手放さないで昼夜読んでも学問する人ではない」

ここには魅惑的な学問への誘いがある。「心のけがれを清め、身の行ないをよくし、身を修める思案工夫」の道具が学問であり、そこには信心や修業に近いものさえある。

これが武士や商人や農民、職人にも学問が愛された理由だろう。自分のためにすることだから、傍《はた》から見たら道楽の一つにも見える。

道楽だからこそ士・農・工・商の身分に関係なく、多くの学者が出て豊かな文人文化が花開いたのだ。

学問で生活の道を断たれる侍たち

蘭学者で画家としても知られる渡辺崋山《わたなべかざん》は、三河田原《みかわたはら》（愛知県）一万二千石・三宅《みやけ》家の家老であるが、幼少から貧困に苦しみ、生活の足しにするために画術を学んだ。生活の足しにするための絵とはいえ、後世まで名を残し、学問好きは洋学にまでいたった。

その崋山が武蔵《むさし》（埼玉県）の奥深い村で、書画会が開かれると聞いて、見物に行った。しかし、行けども行けども田んぼばかりで、それらしき家は見当たらない。そこで通りがかりの農民に書画会のことを尋ねると、その農民は答えた。

「おらも行くところだから付いて来るがいい」

崋山は農民の後を歩く。崋山は二本差しの侍姿だが、農民は擦《す》り切れそうな着物の尻をからげて、汚れた褌《ふんどし》まで見える。案内される道は藪《やぶ》となり、藪は鬱蒼《うっそう》たる森に変わり、その身なりから「追《お》い剝《は》ぎではないか？」と勘ぐり、さすがの崋山も緊張した。やがて、前方に灯火が見えた。農民が「あそこ」と灯を指さした。

見れば、屋根が傾き、破れ障子のボロ農家だが、その戸や障子を開け放って、人だかりができている。崋山が敷居をまたいで屋内を覗《のぞ》くと、奥から江戸で周知の侍が顔を出し、頭を掻《か》きながら、「いやー、お恥ずかしい、このありさまだ」と、これも汚れた単衣《ひとえ》の着物で筆を手にして笑う。いかにも貧しく粗野な農村に見えるが、書画は飛ぶように売れる。そこで崋山も手伝って書画を書きまくって売った。こういう貧しい農村にも学問を道楽にしている人がいたことがわかる。

渡辺崋山自身、蘭学が高じて幕府の対外姿勢を批判した書物を書き、幕府から国元蟄居《ちっきょ》を命じられ、生活の道を断たれた。その後、「不忠不孝渡辺登」と署名した遺書を残して、四十九歳で自刃《じじん》している。

道楽で身を持ち崩したといえなくもないが、その道楽者たちによって、日本の近代化は準備されたのである。言い換えれば、学問が道楽か実学か区別のつかないところが江戸の世を支えた。

ところが、時代が下るほど道楽として学問を楽しむ武士は少なくなる。出世のための学問の時代が到来するからである。

江戸時代にもあった受験ノイローゼ

出世したければ、江戸幕府下では幕臣が最も有利である。その幕臣たちの学力はいかがなものだったのか。

幕府直轄の学問所に「昌平黌《しょうへいこう》」があった。大学頭《だいがくのかみ》（長官）だった林家の塾に由来し、五代将軍綱吉が幕府の学問所に拡張した。別名は「聖堂」で、「孔子《こうし》の聖人の道によって天下を治める」という趣旨による。貞享元年（一六八四）から享保十七年（一七三二）まで入門した者は五百人に達するが、幕臣はわずかに十四人で、三パーセントにも満たない。他は諸藩の家臣だった。幕府の直臣たる者は勉学せずとも出世できると言わんばかりである。旗本たちの驕《おご》りと学問への無理解を数字が物語っている。結果、非役の旗本・御家人は次のありさまとなる。

天明《てんめい》年間（一七八一〜八九）、森山孝盛という小普請組組頭《こぶしんぐみくみがしら》がいた。小普請組とは非役（何も仕事のない）の三千石以下の旗本たちのことで、小規模の普請があったとき、家人や召使《めしつかい》を人夫として出していたので「小普請」と呼ばれる。

小普請の旗本も遊んでいるわけではない。衣食もままならない貧困ぶりで、どうにか役に就いて足高《たしだか》（給与以上の役職に就いたとき、役職に相応《ふさわ》しい給与の加増分）が欲しい。できれば、出世もしたい。そういう小普請の者が役職の願書を組頭である森山孝盛のもとへ届けにくるが、彼らが届け出る願書は、なぜだか正式な文書としてミスが多い。

他の組頭ならば願書を突き返すところ、森山は書き直してやった。願書を書く杉原紙《すぎはらし》さえ買うのも苦しい。そんな小普請者の身を察しての行為に感じ入ったのか、単なる甘えか不明だが、森山のもとには他の組からの願書も届くようになった。その数、およそ三百という。ともあれ、公用文書の一つもまともに書けない旗本だらけだったのである。

日本人のリテラシー（読み書き能力）は、同時代の諸外国に比べて抜群に高かったといわれるが、それは平仮名を含めているのに違いない。幕府の公用文である御家流の漢文となると、幕臣からしてリテラシーは下がる。

「文盲」という言葉は、江戸時代には平仮名の読み書きはできるが、漢字を駆使できないことを指した。西洋諸国の場合、近世までラテン語やフランス語が公用語かつ学術語だったが、市民には必要ない言語ではある。

江戸時代の日本人も漢文の読み書き能力は、西洋の公用語並みに下がる。それでも、道楽で学問をしている者もいるし、商人として大成するため学問をしている人もいた。

幕末の水戸藩で、のちに急進的な尊王攘夷《そんのうじょうい》グループ「天狗党《てんぐとう》」の頭首に担ぎ上げられる武田耕雲斎《たけだこううんさい》は、水戸の藩校「弘道館《こうどうかん》」の教授だった頃、ある町人を侍になって弘道館入りするように誘った。ところが――。

「わたしは立派な商人になりたくて学問しているのです。二本差しになるのは、御免こうむります」

武田耕雲斎の勧誘を、けんもほろろに断ってのけた。

やがて、諸大名が領内に学校（藩校）を開設すると、江戸の林家の塾から発展した昌平黌の出身者が教授となった。

その頃から家臣の出世は学問の出来不出来に影響されるようになり、受験ノイローゼのような若侍さえ出るようになる。

寛政六年（一七九四）、岡山池田家の家臣で部屋住みの中川四郎七は、ノイローゼ気味《ぎみ》となり座敷牢に閉じ込められていたが、ある春の夜、座敷牢を抜け出して岡山城下を素っ裸で走り回った。縁者の家の門を叩《たた》いては、門番に「フルチン姿」を見せて驚かせる。行く先々で門を閉じられたが、ついにある親戚の家の門を叩いて、目を剝《む》く門番に、「後からチヨウチンが来るぞ」と意味不明なことを言って、あっけに取られた門番を尻目に屋敷に入り込んで、女たちに悲鳴《ひめい》を上げさせた。露出狂のようなものである。

この若侍全裸疾走事件を記録した岡山藩士で儒学者の斎藤一興《さいとうかずおき》は、次のような付言をしている。

「藩が精力旺盛な若者に学問ばかりさせるから、勉強のしすぎで、色欲の思いが内に鬱積《うっせき》して爆発するのだ」

学問は道楽のうちがもっともいい。世界中の発明や発見、新分野の開拓は、学問を道楽にした人によってなされた。江戸の時代を今に伝える膨大な量の随筆も、道楽でなければ書き残すことはできなかったに相違ない。

数学は武士より庶民のほうが優秀

寺子屋《てらこや》とは、文字の読める僧侶が子どもたちに読み書きを教えたことからはじまる。これが僧侶のみならず、神官、軽輩の武士、村役人などの手によって増加しはじめたのは江戸の中期、五代将軍綱吉から八代吉宗の時代で、幕末になると激増した。御殿女中から実家に戻った女師匠による寺子屋などもあり、幕末には数万の寺子屋があったと見られている。

寺子屋は七〜八歳から十二〜十三歳の子どもが通い、手習いや読書を主としたが、計数（そろばん）を教える寺子屋も少なくなかった。

計数は商人の技《わざ》として、幕府や諸藩の学校では軽んじられていたので、幕府勘定方《かんじょうかた》の書類などは今も計算の合わないものが多い。家臣に教育を施す藩の学校でも、その教授は武家ばかりなので、算術など下賤《げせん》な知識としか思っていなかった。

いっぽう、大井川の洪水に悩まされる駿河《するが》（静岡県）の田中藩は、むしろ雨量と川の水量の関係、その年の石高の計算などに明るい農民を算術の教授に抜擢《ばってき》した。農民や町人のほうがよほど計算には優《すぐ》れていたからである。出世した算術方では、そろばん一つで下級武士から百五十石取りの上士となった加賀藩の猪山家《いのやま》が有名だが、幕末には幕府を含めて諸藩で計算に明るい人物が出世した。

それには寺小屋の力も大いにあずかっていただろう。そろばんと計算を教えていたからである。

寺子屋の授業時間は、午前七〜八時から午後二〜三時までで、これは役人の勤務時間と変わらない。入門のときの束脩《そくしゅう》（入学時の礼）や謝儀（日常の御礼）がある程度で、今日の授業料のように経営上の採算を考慮したものではない。教える者は、どこかボランティアと公共精神で成り立っていた。

寺子屋の勉強風景も今日の学校とは違い、師匠の机を中心に、子どもたちの机がコの字形や口の字形に囲んで並び、小さい子ほど末席に位置した。

江戸時代には「女子は文盲に限る」といわれたが、文盲とは先述のごとく「漢字を使えない」ことにすぎない。平仮名は女性の文字でもあり、美しい見事な散書《ちらしがき》（かな書きの一種）が発達する。江戸の草紙《そうし》（娯楽的な書物）類も愛読者の女性向けに平仮名で書かれていた。ただし、公用文は先述したように御家流といわれる漢文である。

寺子屋では、孔子の儒学『四書五経』から教えた。儒学は個人が人間として完成することを目指すもので、全員が完成した人間（聖人）なら世の中は治まる、という思想だった。したがって、寺子屋の師匠（先生）たるもの、高潔な人物が多かった。もちろん、体罰もない。今日とは大違いであるが、今も寺子屋の習慣を引きずっているものがある。幕府の官学である朱子学の書物『大学章句』は「小学（校）」の目的を、以下のように書いている。

「小学（校）に入れ、そこで教えるのはさい掃（水をまき掃除すること）・応対・進退の節、礼・学・射・御・書・数について文章を用いて教える」

今日も小学校で授業の前後に「起立、礼！」とやり、児童が教室の掃除をさせられるのは、江戸時代以来の教えである。

第四章

歪められた歴史

「金さん」「黄門様」の正体

武家地が町人地になるカラクリ

江戸の町は、武家地と町人地とで明確に呼び方が違っていた。武家地は「麹町《こうじまち》」「御徒町《おかちまち》」など「マチ」だが、町人地は「馬喰町《ばくろうちょう》」「大伝馬町《おおでんまちょう》」「小田原町」など「チョウ」と読む。しかし、この厳然たる武家地と町家の区別は、やがて混乱してしまう。

八代将軍吉宗《よしむね》の享保《きょうほう》年間（一七一六～一七三六）には、町人人口五十万、これを上回る武家人口と寺社人口を加えると、百万都市になっていた。それなのに町人地の面積は二十パーセント、武家地が全体の六十パーセントを占めた。残りの二十パーセントは寺社の境内《けいだい》が広がる。武家地にも大名屋敷なら広大な庭園があり、旗本も畑を作り、御家人も植木栽培などをやった。

おかげで幕末に来日した『幕末日本探訪記　江戸と北京』で知られる植物学者のロバート・フォーチュンは、江戸をその眺望《ちょうぼう》から「庭園都市」と呼んだ。それほど緑が豊かだったらしい。

とはいえ、わずか二十パーセントの土地に江戸の人口の半分を占める町人が生活できたのだろうか。

この比率では、六畳一間に親子六人が住むことになる。町人といっても三井《みつい》の前身越後《えちご》屋《や》をはじめとする大店《おおだな》も数多くあり、彼らも二十パーセントの面積に押し込められた。その他の町人は一室にぎゅうぎゅうに詰め込まれる、どう見てもタコ部屋のような暮らしになる。この表面的な事実を強調している書籍も多いが、間違いである。「現実的な武家地」はもっと少なく、町人居住地はもっと多かった。

武家地は基本的に将軍から大名、旗本、御家人が拝領したものである。将軍から無償で借りているのだが、幕末の地図と記録を詳細に調べた鈴木理生氏は、次のように記している。

「江戸の六十〜七十パーセントを占めた将軍拝領の武家居住地の半分以上が、拝領名義人から又貸しされていること、しかも武家以外の者に貸し付けられていること、そしてこの傾向は都心の旗本屋敷に顕著であることがわかった」

江戸の六割から七割を占める武家地だが、武士が住んでいたのは事実上三割程度で、町人居住地は一気に五割に広がる。これなら人口の半分を占めた町方がタコ部屋住まいをしていたわけではないことがわかる。

では、どのように町人居住地は広がったのか？

一般的な幕府の御家人は七十五俵五人扶持。これを白米にすると、二十石ほどになる。一石を一両、一両をこれまでと同じ二十万円で換算すると、年収四百万円くらいか。各組同心は五十俵二人扶持で、白米にすると十三石。同様の換算で二百六十万ほど。これで家族のみならず中間《ちゅうげん》や小者、下男や下女を養うのは、とても無理な相談である。

夫婦だけでも暮らしが立たない微禄なので、内職をしなければ暮らせない。そこで拝領した屋敷に目をつけた。

拝領屋敷は百三十坪から三百坪もある。三百坪となると、学校の体育館くらいの広さはある。同心一家族に百三十坪はいかにも広い。三十坪の建物を建てても百坪は余り、余った土地を畑にして糧《かて》の足しにしたが、それでも暮らし向きはよくならない。

同心をはじめ幕臣は困窮してくると、街路に面した部分を町人に貸した。同心自身は奥まったところに三十坪程度の建物を建てて、町人からもらう家賃を生活の足しにしたのである。幕末の江戸切絵図を見ると、同心の拝領屋敷の周囲をグルリと町人地が取り囲んでいる。

さらに江戸の中心地の大旗本ともなれば、屋敷も広大で、千坪単位になり、大店商人などに敷地を貸して、果ては名義までも変えた。無役の場合は拝領の土地・屋敷を売り飛ばして引っ越してしまうこともあった。むろん、幕府から拝領した（借りた）土地を貸すのだから違法行為だが、そこは武士の情けで幕府も黙認してくれた。大名も旗本も互いに借金だらけ同士、武士は相身互いである。

同心は組ごとに屋敷地が与えられ、これを「大縄地《おおなわち》（組屋敷）」と呼び、麻布御簞笥町《あざぶおたんすまち》（東京都港区）には鉄砲組同心の組屋敷があった。ちなみに簞笥は鉄砲の弾薬を入れる収納庫を指す。すでに三代将軍家光《いえみつ》の寛永《かんえい》年間（一六二四〜四四）に麻布御簞笥町は、町人への貸家が許可されたが、同心屋敷と町屋の間に垣根を設けるのが条件だった。それが、いつしか垣根も取り払われ、町奉行配下の町人地扱いになってしまう始末だった。

こうした実情もあり、江戸の町方の土地は寺社領を除いて武家地と半々になった。

即刻処分された不正役人

役人の不正は今にはじまった話ではないが、その処分が違う。

御持筒組《おもちづつぐみ》組頭で井上左太夫という旗本がいた。御持筒は大砲を指し、その組頭は今でいえば砲兵隊長だから、定期的に大筒の射撃演習をする。演習場は相州（神奈川県）鎌倉の海岸にあった。

文政《ぶんせい》九年（一八二六）、井上左太夫は配下の御持筒同心を引き連れて、鎌倉の海岸まで試射に出かけた。鎌倉往復の道中、持筒などの荷物はすべて幕府から公用手形が出ているので、無料で人足百二十人と馬三十八頭を使用できた。

ところが、大筒一台分を運ばないことにしたので、その分の人足六人は不要になる。倹約家なのかと思ったら、そうではない。よくある手で、「ついては六人分の人足代金を現金で返してもらいたい」と宿場の伝馬《てんま》役人に申し出た。

使わなかった人足分を現金で戻すという習慣はない。それでも、井上左太夫は屁理屈《へりくつ》を通そうとした。カラ荷物を利用する、いわゆるキャッシュバックである。

これを江戸の品川宿から川崎、神奈川、保土ケ谷《ほどがや》、戸塚、原宿、藤沢と、鎌倉までの道中を往復でやってのけた。宿場役人は「金二束」を支払ったというが、「束」とは江戸の隠語で数量を指すので二両だろう。現在の金額に換算すると、四十万円ほどになる。

一回の出張で四十万円を懐《ふところ》に入れるとは、大した度胸である。各宿場でやったら、六倍となる。

御持筒同心は徒歩で行動したが、帰り道に鎌倉から歩けなくなった情けない同心がいて、井上左太夫はキャッシュバックした金で気前よく駕籠《かご》に乗せた。幕府御持筒組も文政年間には、この体《てい》たらくである。

むろん、井上左太夫の強引な手口は街道筋宿場の伝馬役人の苦情から道中奉行の耳に入り、青ざめた井上は、六人分の人足代金を返却した。このような話も今と大差がない。道中奉行の問題処理は驚くほど迅速だった。金を返したが、井上は御持筒組の組頭を罷免《ひめん》されたらしい。どこぞの官庁の「記録がございません。記憶もございません」とはワケが違う。

幕末の切絵図を見ると、現在の港区南麻布一丁目付近に「九百石鉄砲方井上左太夫」とあるので、召し放ち（馘首《かくしゅ》）まではせず、降格処分ですましたと見える。

借金まみれだった鬼平

役を持つ旗本の困窮も相当なもので、二百石以下では、まず生活できない。

そのため、旗本は猟官運動（役探し）が仕事のようなものである。毎日、朝から出勤前の老中の屋敷を訪問し、知り合いの役人を訪ね歩く。午後も老中が二時には下城するので、とにかく訪ねまくる。

もちろん、老中を訪ねる者は大名から旗本まで多数いて、老中の屋敷の前はごった返している。旗本風情《ふぜい》など、せいぜい訪問した証《あか》しに名前を書いた紙を置いてくる程度である。

四百石の旗本だった森山孝盛は、小普請組組頭の役を獲得するまでに毎年二十両（四百万円）程度を贈答に費やした。四百石の旗本の実収入は二百石くらいなので、収入の一割を猟官運動に投資したことになる。

さらに念願の小普請組組頭になると、世話してくれた上司や親類に御礼の金を払い、それが二百五十両（五千万円）にもなった。世話をしてくれたほうも金ずくである。

それまで森山孝盛は、蔵宿《くらやど》の伊勢屋から金を貸りていた。蔵宿は幕臣がもらう俸禄米《ほうろくまい》を担保にして金を貸した金融業者である。しかし、小普請組組頭就任の祝いで困窮した森山がふたたび借金を申し込むと、伊勢屋から断りが入った。

困惑した森山だが、その矢先、和泉屋という蔵宿が訪ねて来て、借金の付け替えを申し出た。森山に二百五十両なら貸しても出世して儲かると和泉屋は踏んだのだろう。蔵宿は旗本を投資の対象にした。

これまでの伊勢屋からの借金百八十両を和泉屋からの借金二百五十両のなかから返済して、七十両を生活費に残した。その七十両のうち、小普請組組頭就任のため、同役十二人を招いた「おひろめ」で四十五両（九百万円）も散財したのである。

何をするにも金の世の中になったのが、森山孝盛が生きた江戸の後期である。

森山孝盛と同じ時代の旗本に、池波正太郎の時代小説『鬼平犯科帳』で知られる火付盗賊改《ひつけとうぞくあらため》の長谷川平蔵《はせがわへいぞう》がいた。

長谷川平蔵は火付盗賊改の他、世界初の授産施設（犯罪者の更生施設）である石川島人足寄場《いしかわじまにんそくよせば》を計画・実現したが、わずか二年で退役《たいえき》しなければならなかった。これも森山と同じく金に苦しんだからである。

長谷川平蔵は四百石の旗本である。四百石あれば生活には困らないが、人足寄場に、あらゆる職業の職人を教師に呼び、百四十人の無宿者に職業訓練を行なった。その謝礼は平蔵が自前でやりくりした。また、火付盗賊改の役高は千五百石（三億円）あったが、捜査情報を収集するために数多くの目明しも雇う必要もある。とにかく、人足寄場と火付盗賊改が猛烈な出費となった。

おそらく火付盗賊改の役高千五百石の大半は、石川島人足寄場の経営に使われた。それでも足りず、平蔵は米相場から銭相場にまで手を出した。

それが世間に密偵を放って噂《うわさ》を収集していた老中の松平定信《まつだいらさだのぶ》の耳に入り、「長谷川は銭相場に手を出す悪人のよし」と風聞集『よしの冊子』に記録された。この風聞集は、定信が家臣に命じて集めさせた伝聞情報ばかりで文末に「〜のよし」と記したので、ついた題名である。徳川一門田安《たやす》家出身のお殿様は、文字通りの殿様暮らしで世間の経済事情など、まるでご存じない。おかげで「鬼平」こと長谷川平蔵はお役御免となった。クビで落胆したのか、その後まもなく、五十一歳で亡くなっている。

敬服すべきは火付盗賊改だった鬼平の部下たちである。鼻血も出ない鬼平の部下は、放火犯や盗賊などの悪党とほとんど無給で戦ったとしか思えないからだ。

借金で身分を捨てる旗本

二千石を超える大旗本となると、屋敷も大きく、妻が住まう奥まである。これが「奥様」の語源となった。

大旗本は広い屋敷の一部を町人に貸し、高い家賃収入を取る。高い家賃を払ってまで旗本屋敷を借りた連中には、それなりに理由がある。武家屋敷なら町奉行配下の与力《よりき》・同心も踏み込めない。つまり、博打《ばくち》場に利用するのだ。

こうした二千石以上の旗本は生活に困らないはずだが、大身だけに生活が贅沢《ぜいたく》で、知行地（領地）の村から借金をしまくる。やがて、村から生活費半減を要求され、業《ごう》を煮やした村人が屋敷に住み着いて会計を仕切る始末となった。

もっとも情けないのは、三両一人扶持のいわゆるサンピンの中間にまで借金をして、それを踏み倒す悪質な旗本がいたことである。

一人扶持とは米五合のことで、一日二食の時代の分量である。年間三両（六十万円）と一日二食分でも爪に火をともすような暮らしをすれば、わずかな額だが、貯金もできる。

これを主人の旗本が借りて、あとは知らん顔をする。中間も一応家臣扱いなので、「返せ」と強く言えない。言ったところで、「知らぬ。この無礼者」で手打ちが落ちである。

それが悔しいというので、なかには貸した旗本屋敷の縁側で切腹した中間もいる。この中間には妻子もいたが、女房が切腹した亭主の亡骸《なきがら》を受け取らない。それで厄介《やっかい》なことになった。旗本の組頭に届けて内々にすますことができなくなり、幕閣の命を受けた町奉行が検視に行くはめとなり、お白洲《しらす》で取り調べとなった。厳密には武家はお白洲に面した廊下で、旗本となれば吟味《ぎんみ》座敷に襖《ふすま》を立て回したなかでの取り調べとなった。

結局、旗本を監察する目付《めつけ》、町奉行立ち会いのもと、貸した金に六十両の慰謝料をつけての和談となった。中間の女房のほうが旗本よりも利口だったわけだ。

こういう愚かな旗本の行く末は、禄《ろく》を食い潰し、旗本の株を売り、その金で自分は隠居、市井《しせい》の人となる。

これは旗本に限らない。元尾張藩御手筒《おてづつ》(鉄砲)同心の家に生まれた新見吉治《しんみきちじ》が、尾張藩の下級武士についての詳細な研究『下級士族の研究』を書いたが、そのなかで明快に記している。意訳してみよう。

「武士階級も新陳代謝が多かった。子がなくて絶家したものもあるが、高い禄高の家から低い格禄、または無格の足軽にまで成り下がったものも少なくない。足軽が代を重ねる間に給人(領地を持った武士)まで進んだものがあったのと同様、給人であったものが、足軽に下がったり、庶民となったものもないことはない」

大名・旗本の系譜集『寛政重修諸家譜《かんせいちょうしゅうしょかふ》』に載る六千三百五十四家の旗本のうち、寛政《かんせい》十年(一七九八)までに御家人から旗本に家格を上昇させた家数は千百五十七家にのぼる。薄給で身分の低い御家人ほど努力するので、旗本へと家格が上昇した。

五代将軍綱吉《つなよし》の末期、隠士盛正が武士のあるべき姿を記した『武士としては』では、「下々なりとも、悪《あ》しざまにいうべからず。敵《かたき》を口きたなく言わぬものなり。当時下々となることは仕合わせ(偶然の機会)次第なり、いか様の筋目(家柄)、いかなる志ある者かもはかりがたし、下と見ては、なおなお慎み油断すべからず」と書き残している。

その予言通り、下々の農民や町人が侍になる時代がやってくる。金と引き換えに養子を入れる。俗に「御家人株の売買」が頻繁《ひんぱん》になり、相場までできたのである。

四千石の旗本の場合、年貢収入はその半分の二千石ということになる。これを「五公五民」という。そこで四千石の旗本株の値段は、一石一両で換算して、実質的にはその半分の二千両（四億円）。与力は八十石だが、馬上を許された「騎兵」格のために高くなり、千両（二億円）。同心は三十俵二人扶持だから二百両（四千万円）。御徒衆は七十俵五人扶持のうえ、出世しやすいので五百両（一億円）が相場だった。

幕末になると、旗本よりも与力や御徒《おかち》といった御家人、つまり下級幕臣の株の値が上がる。微禄だが、有能で出世した者が多くなったからだ。幕末維新で活躍した勝海舟《かつかいしゅう》や榎本《えのもと》武揚《たけあき》、川路聖謨《かわじとしあきら》も先祖は御家人の株を買ったものである。

徳川幕府二百六十年近くは激しい階級移動のなかで、常に新しい人材が補給されて維持されたのである。

南町奉行「大岡越前」のブラック残業

江戸町奉行は激務だった。早朝に登城すると下城は夜となり、それから役宅の奉行所で山積する公事《くじ》訴訟を処理した。江戸町奉行は江戸城と奉行所を往復するだけで、時代劇のように市中をお忍びでうろつく時間などない。法廷が置かれたお白洲に出るのも、訴訟の最初と最後の裁許のときだけである。

深夜に床に就き、早朝登城の毎日なので、かなり体にこたえる。九十数人の歴代江戸町奉行のうち、十六人が在職中に死亡。その半数は就任後三年以内というのだから、その激務ぶりは想像を絶する。

なかでも多忙を極《きわ》めたのは、名奉行で知られる南町奉行の大岡越前《おおおかえちぜんの》守忠相《かみただすけ》である。大岡越前守は、八代将軍吉宗が将軍に就いた半年後、四十一歳で南町奉行となった。通常、町奉行は六十歳前後の旗本が就任したので、異例の出世である。

そのため、超エリートの大岡越前守が時代劇の主人公になるのも無理はない。ただ無理はないが、江戸町奉行としてドラマのような活躍はしていないし、そもそもできない。なぜかというと、関東地方の農政を支配する「関東地方御用掛《かんとうじかたごようがかり》」という役も兼帯していたからだ。これは本来、代官を指揮する勘定《かんじょう》奉行の職務である。

大岡越前守は関東地方の代官の頭《かしら》のような存在でもあった。武蔵野《むさしの》新田開発、下総《しもうさ》の小金川や相模《さがみ》の酒匂川《さかわがわ》流域での治水・新田開発も指揮していた。関東地方一帯では有名な存在で、それが物語『大岡政談』を生み、時代劇の主人公に抜擢《ばってき》したのだろう。当然、江戸町奉行だけでも多忙なところに、地方御用掛となれば寸暇《すんか》もなかった。ドラマの大岡は奉行所役宅の縁側で妻と茶などを飲んでのんきに会話をしているが、現実には仕事に忙殺され、そのような和《なご》やかな時間はないに等しかったに違いない。

大岡越前守が町奉行に就任した翌年、享保《きょうほう》三年（一七一八）の記録では、「訴訟（刑事事件）四万七千七百三十一。公事（民事事件）三万五千七百九十」とある。合わせて、八万三千五百二十一件もの訴訟があったのだ。一日で二百件以上を処理しなければならない。二人の町奉行がいても、一人が裁く数は一日百件を超えたとも。両奉行の合意が必要だった。むろん、訴訟・公事は町奉行配下の「内与力《うちよりき》」が下調べや処分をしたが、よほど有能なベテランでないとできない。実際、大岡越前守は町奉行就任当時、人材不足に悩んだ。前任者の松野助義《まつのすけよし》に「目安方《めやすかた》」小林勘蔵の譲り受けを懇請《こんせい》しているほどだ。

松野宛の手紙にこのようにある。

「昨朝より訴訟が参りました。もろもろ覚束《おぼつか》ないことばかりです。お察しいただきたく存じます。目安方（小林勘蔵）の件、少しでも早くこちらで引き取りたく存じます」

当時は訴訟を専門とする「吟味方《ぎんみかた》与力」の制度が確立されておらず、町奉行の私的家臣である内与力が目安方で大きな役割を果たしていた。その目安方のベテランを前任者からもらい受けて、訴訟の吟味を任せ、その報告を聞くことですませようとした。

また、毎月三回は月番の奉行所に集まって協議をする。大岡越前守は享保十五年（一七三〇）、北町奉行の諏訪頼篤《すわよりあつ》と連名で愚痴（？）のような意見を、老中・松平乗邑《まつだいらのりさと》に提出している。内容はこうだ。

「町奉行は月番・非番の区別なく城に詰めているので、大方は夜分まで（奉行所で）執務しなければならない。そのため登城は一人ずつとして、夜に入る前に終わりたい」

愚痴のような意見具申は実現したらしく、夕方前に奉行所執務室を出て私室に帰れるようになった。奉行所に戻ると毎日百件の訴訟・公事を内与力の目安方から聞き、お白洲に出る日もある。一件五分も丁寧に聞いたら七〜八時間は優にかかってしまうため、ほとんど内与力に任せたと思われる。

おまけに火事があれば、出馬しなければならない。さらに吉宗が貧しい人や身寄りのない人を無料で診察・治療する医療施設「小石川養生所《こいしかわようじようしょ》」を設立して町奉行の管轄《かんかつ》としたため、養生所に関する報告・指示もしなければならない。大岡越前守を「お頭」と仰ぐ地方《じかた》巧者《こうしゃ》（農政役人）が治水や新田開発の報告・相談にもやってくる。

帰宅後も山積する仕事で、ほとんどの時間が潰れたはずである。

リアルな「遠山の金さん」とは？

大岡越前守たちの奮闘もあり、江戸も後期になると、江戸町奉行は花形の役職になった。町奉行に就任が決まると、一家を挙げて喜び、家の門や玄関に提灯《ちょうちん》を吊《つ》るし、広く知らせる習慣が伝えられている。

幕府末期の天保《てんぽう》年間（一八三〇〜四四）に大岡越前守と並ぶ時代劇のヒーローが登場する。『遠山《とおやま》の金さん』こと遠山金四郎景元《きんしろうかげもと》である。実際、歴代の江戸町奉行九十数人のなかで人口に膾炙《かいしゃ》されているのは、この遠山金四郎と大岡越前守くらいのものである。これでは江戸町奉行には、名奉行が払底《ふってい》していたかのように思われるが、実際その通りで先ほども記したごとく、奉行は仕事を与力に任せていたのが実態であり、与力はそれを同心に任せていたという。すべての仕事を押しつけられた同心はどうかといえば、「手先《てさき》」と称する岡っ引に捜査を回した。この手先は四百人ほどおり、彼らの子分「下っ引《したぴき》」まで加えると、その数は千五百人になる。まさに江戸町奉行所は捜査を手先に丸投げしていたのである。

これが現実だから、名奉行も実際にはいなかった。『遠山の金さん』はテレビ時代劇のヒーローだが、実際の遠山金四郎には名裁きというほどの記録はなく、『遠山の金さん』自体、歌舞伎界が育てた虚像である。

水野忠邦《みずのただくに》の天保の改革で風紀粛正が声高《こわだか》に叫ばれ、芝居小屋に閉鎖命令が出ようとした。これに反対して阻止したのが、北町奉行の遠山金四郎だった。この行為に感銘を受けた歌舞伎界は、以後、遠山を名奉行とした芝居を上演した。おかげで名奉行として名が残ったというわけである。

遠山金四郎役は二枚目の看板役者が演じたが、実は「毛太く、丸顔で声が高く、威儀の整った老役人で、刺青《ほりもの》をしていた」と元与力の佐久間長敬《さくまおさひろ》がその風貌を書き残している。その入墨《いれずみ》も時代劇で知られた「桜吹雪《さくらふぶき》」ではなく、女の生首《なまくび》が髪を振り乱して口に手紙をくわえる絵柄だった。近年発見された『遠山金四郎家日記』によると、若い頃から痔《じ》を患っていて馬にも乗れず、市中巡視のときも駕籠《かご》に乗った。お白洲に向かって座るときは渋面《じゅうめん》をして、尻を少し浮かせていたに違いない。

同時代の江戸の噂を記した『藤岡屋日記』では、遠山金四郎を「狸《たぬき》」と評している。遠山が水野忠邦の意を体《てい》して、南町奉行・矢部定謙《やべさだのり》の罷免《ひめん》処分に加担したからである。矢部は人情を知り尽くした奉行として知られ、数少ない名奉行の一人だった。天保の改革をめぐって老中と対立した矢部は、就任から八カ月で罷免のうえ、投獄された。くやしさのあまり、矢部は絶食して餓死してのけたほどである。

遠山金四郎は四十八歳から北町奉行を三年務め、大名の監察などを行なう大目付《おおめつけ》に転じたが、ふたたび南町奉行となり、これを七年務めた。派手な町奉行職が好きだったとみえる。その後、分家の倅《せがれ》が事件を起こして、五十六歳で引退を余儀なくされた。

遠山金四郎のみならず、幕府末期ともなると、派手に浮かれたエリート官僚の町奉行職は退廃していたようだ。

余談となるが、町奉行は江戸幕府の最高裁判所にあたる「評定所《ひょうじょうしょ》」の構成メンバーである。評議の前後の時間は、世間話で談笑することが多かったことを、南町奉行の根岸鎮衛《ねぎしやすもり》が随筆『耳囊《みみぶくろ》』に記している。いつしか評定所では、談笑の時間が次第に長くなり、事件の評議までも談笑のなかで、「獄門!」「磔《はりつけ》!」と裁決するようになった。「人の死生を談笑のあいだに決する」と憤慨の詩文を書いたのは、評定所に勤務した林鶴梁《はやしかくりょう》である。

捕物帳の現実

江戸町奉行所は、南町と北町が毎月交代で門を開いて、訴訟を受け付けた。月ごとに競い合って業務をこなしたことになる。元禄の終わり頃から享保の初めまで、中町《なかまち》奉行所も短期間存在したが、業務内容は不明である。

それにしても不思議なのは、時代劇に登場する大勢の捕り方である。テレビ時代劇では「御用提灯」と六尺棒を持って現代の機動隊のように事件現場へと駆けつけるが、そのような要員は、そもそも町奉行所内にはいない。

南北両町奉行所を合わせて与力五十人、同心二百四十人が江戸の警察から行政までを担っていた。それに加えて中間が二百九十人いたが、これは雑用係である。

では、時代劇に登場する捕り方は？

青い絣《かすり》の着物に股引《ももひき》姿だが、彼らは町奉行所の中間ではない。町奉行所に属していないし、通っているわけでもない。もちろん、機動隊的な存在でもない。

「御用だ。御用、御用」と提灯を振り回して、時代劇でバッタバッタと斬り殺される大勢の捕り方は、浅草の車《くるま》善七《ぜんしち》、品川の松右衛門《まつえもん》など無宿や浮浪民を預かっている頭《かしら》の配下であり、彼らが捕り物に動員されたものである。よって、捕り方が出動するような事件は、時代劇のように頻繁にあるわけではない。

そもそも市中のパトロール役の定廻《じょうまわり》同心など、ほとんど仕事をしない。雪駄《せった》チャラチヤラと徘徊《はいかい》するだけである。犯罪の捜査をしているのは、手先もしくは「手下《てか》」と呼ばれる岡っ引の親分と、その無数の子分で、彼らが情報を集めては、盛んに引手茶屋《ひきてぢゃや》（遊廓の茶屋）などで捜査会議を開いた。

つまり前節で語った通り、町奉行所は犯罪を受理すると、与力は同心に仕事を投げて、同心は手先に投げる。捜査の「丸投げ」である。そして、犯人の目星がつくと、手先の報告で同心が犯人のもとを訪れて、ふん縛《じば》る。縛るのは同心の仕事で、手先がすることはできない。「銭形平次《ぜにがたへいじ》」が腰にぶら下げていた取り縄は、どうひいき目に見てもイミテーションのアクセサリーでしかない。

与力・同心の秘密の懐事情

町奉行所の与力・同心は武士でもなければ、町人でもない。正式には町奉行に雇われた役人である。与力の禄高は百二十俵から二百三十俵までだから、平均的には二百石に届かない。旗本は二百石あっても中間もろくに雇えず、威儀を整えるのに苦労した。いっぽう、町奉行所の与力は、挟箱《はさみばこ》を持つ中間を従え、威風堂々と奉行所に通っている。

同心も三十俵二人扶持、三十石に届かない微禄にすぎない。これが御家人なら、妻は「つゆ稼ぎ」をするはめになるが、町奉行所の同心は違う。毎日きちんと髪結《かみゆい》に行き、しゃれた生地《きじ》の羽織《はおり》に雪駄のかかと部分に付いた金具をチャラチャラと鳴らしながら歩いた。これら奉行所与力・同心の余裕からして不思議である。

与力、同心が贅沢な生活をできた理由はたくさんある。一つは八丁堀《はっちょうぼり》（東京都中央区）の拝領屋敷の半分ほどを貸家にして、その家賃収入があった。八丁堀の貸家の住民は、儒者、兵法家、占い師、遊芸師匠とか、江戸ではうさんくさい職業とされる者が多く、その監視と彼らから上がる市内情報の収集も兼ねていたので、幕府も黙認である。

八丁堀の同心の家に手先が挨拶に来ると、同心連中は酒を飲ませて、大いに歓待した。何しろ、自分たちの代わりに市中を駆けずり回っているのであるから、仕方あるまい。こうした振る舞い酒もあれば、三十俵二人扶持では家賃収入があっても家計は苦しくなりそうなものだが、その心配はない。さらに莫大《ばくだい》な収入源があったのだ。

町奉行所の与力・同心は、それぞれ二百数十家の大名家に出入りし、大店にも出入りしていた。事件が起きたとき、内々にするために諸大名家や大店から付け届けが、与力で二千両（四億円）、同心なら千両（二億円）もあったといい、金に不自由はしなかった。

各大名家からは、付け届けとともに大名の家紋入りの羽織《はおり》を賜《たまわ》った。その御礼が忙しい。

わざわざその大名家の家紋入りの羽織姿で、屋敷に挨拶に行く。普段の羽織のままでは、たとえ火事があっても町奉行所の与力・同心では、大名屋敷には入れない。大名を統制する大目付配下の旗本以外は、立ち入り禁止である。ところが、家紋入りの羽織を着ていれば、堂々と立ち入ることができる。むしろ、門番から丁寧な挨拶すらされる、れっきとした「関係者」だ。

各大名家では家紋入りの羽織を出入りの与力・同心や旗本に授《さず》けた。また、職人や商人には法被《はっぴ》を贈った。大店の商人も屋号入りの法被を出入りの職人などに授けたが、これらはどちらも非常線突破のさいの身分証のようなものである。

一朝事があったとき、町方の与力・同心は、大名家の家紋入りの羽織を着て御屋敷に駆けつけ、身内の人間として自由に出入りした。商人も火事などのさいには、屋号の入った法被を職人に着せ、店の者として御屋敷に手伝いに行かせた。身分証がなければ、それこそ火事場泥棒扱いである。

さらに重要なことは、家紋や屋号の入った羽織・法被姿で駆け付け、その現場で怪我でもしたら、大名や大店側が生涯の生活保障をしてくれることだ。

今も大売り出しなどで、揃《そろ》いの社名入りの半纏《はんてん》を社員だけではなく、派遣の販売員にも着せたりするが、それを着ている最中に、派遣社員が怪我でもしたら終身生活保障をする気があるのだろうか。日本のしきたりでは、そういった覚悟がなければ、屋号や社名の入った半纏や法被を着せてはならないのである。

同心がでっち上げる犯罪

与力・同心の手先は、彼らが個人的に雇っていたと一般的には伝えられている。これも誤解である。手先たちは、毎月の手当を同心から受け取っていた。その俸給をもらえる手先（岡っ引）の数は約四百人おり、一人あたり年約百万円の報酬が支払われていた。

同心が手先に与えていたこの金は、どこから入るのか。実は、手先の報酬は幕府の予算ではなく、なんと吉原から「ちり紙代」として献金されていた。吉原から町奉行所へ毎月百七十両ほどの上納金があり、幕末には献金の総額は年二千両に達していたという。

何しろ江戸幕府の初期、老中や町奉行が会議する評定所の開かれる日は、吉原の遊女が接待に出ていたといい、両者には深いつながりがある。

さしたる事件が吉原で起きなかったのは、吉原の用心棒を務めるのが江戸町奉行所であり、吉原も江戸町奉行所の配下として情報を差し出していたからである。

この癒着《ゆちゃく》の感覚は明治二十年代まで続く。東京警視庁の捜査費用は、私娼《ししょう》の密売春を摘《てき》発《はっ》したときの罰金をあてていた。捜査費用確保に熱中するあまり、とある新婚夫婦の寝室にまで踏み込んで「密売春！」とわめいて、新聞沙汰になった警官までいる。

ここまでくると、町奉行所の実態は、かなり明確になる。情報を確保する公的なルートとして町年寄→名主→大家があり、諸職の親分の組合（株仲間）も公的支配下にあったので情報源となった。

それに加えて、報酬のある手先四百人と、その下に子分の下っ引がいて、合わせてその数は千人ほどとなる。さらに「紙屑拾《かみくず》い」などまで含めると、四十万人を超える情報源があったことになった。江戸の町方人口は五十万から六十万人という。それを考えると、ほとんど警察国家である。

必然的に与力も同心も仕事をしない。幕末の南町奉行所与力・原胤昭《はらたねあき》の回想が残されている。

「自分たちは『十手は顔の前で斜めに構えた方がいい。パッと朱房（房状になった赤い紐）が顔の前で開くとカッコイイ』などといいながら、十手を構える競技会じみたことをしていました」（東京日日新聞社会部『戊辰物語』）

そのいっぽうで、手先たちは三廻り（警察担当）与力・同心のために、年に一人高台者《たかだい》（磔《はりつけ》、獄門《ごくもん》、火あぶりになる重罪人）を捕らえるため精を出した。これを捕らえると、与力・同心に白銀三枚が出た。白銀は三分にあたるので、十五万円前後である。

とはいえ、そんな極悪人はやたらと捕《と》らえられない。そこで、手先はポッと出の田舎者《いなか》を探し出し、いきなり番屋（自身番小屋）に連れ込んだ。

「火を放っただろう」「いや、知りませぬ」「嘘をつけ！」

田舎者の着物を剝《は》ぎ、裸体にして取り調べる。そのさい、脱《ぬ》がした着物の袂《たもと》に、火口《ほくち》・火打石《ひうちいし》・火打鎌などの発火道具をひそかに入れておく。

とんだ茶番である。このでっち上げ行為を「入蔵物《いりぞうもつ》」といい、インチキな物証をネタにして「箱」にかけた。箱とは拷問《ごうもん》のことである。たいていの者はでっち上げの証拠でも、苦しさから嘘の自白をして無実の罪で高台者となった。

以上は、「幕末の暴れ旗本」で知られる青木弥太郎自らが獄中で見聞体験した回想である。

将軍様の退屈な一日

テレビの時代劇や時代小説には、徳川幕府の将軍がたびたび登場する。では、天下の将軍様の毎日とは、いかがなものだったのか。

江戸城は徳川幕府の司令部であり、行政の心臓部であり、将軍の住まいでもあった。江戸城本丸は広さ三万四千五百三十九坪（東京ドーム約二十五個分）、御殿の建坪は一万一千三百七十三坪で、その御殿は三つに分かれていた。「表《おもて》（役所）」と「中奥《なかおく》（将軍の生活する官邸）」、さらに将軍の御台所《みだいどころ》（正室）を中心に女性たちだけが生活する「大奥《おおおく》」である。

誤解されやすいが、将軍が夜、眠る場所は大奥ではない。将軍の生活の中心は中奥で、ここで眠る。

江戸城の朝は午前六時頃、「もうー」という奇妙な声で明ける。将軍が孤独に眠る寝室の次の間の小姓《こしょう》が「上様、もうお目覚め」の略で「もうー」と叫ぶと、それが次々城内に伝わる。

将軍は寝室に運ばれた道具で、洗顔・洗髪・髪結を、さらに医者が来て平伏したまま、お脈を拝見をする。

その後、一時間ほどで着替えをすませると、将軍は大奥へ行く。一応、家庭人として毎朝、御台所の顔を見なければならない。御台所と連れ立って将軍は仏壇を礼拝する。仏壇が大奥にあるということは、大奥が私邸ということになる。

仏壇を拝んだらすぐ中奥に戻り、小姓の給仕で孤独に朝食を食べる。それが終わると、羽織・平袴の平服で御座の間《ござのま》に出る。ここが居間である。

宿直したお側衆《そばしゅう》が下段の間で平伏したままご機嫌を伺う。そのさい、家臣は畳の上に両手の親指と人さし指の先を合わせて三角形を作り、その両手で作った三角形のなかに鼻を入れるほどに腰を折り曲げ、背中は伸ばしたままの姿勢を取る。これが江戸時代以来の丁寧な挨拶の姿勢である。今でも頭を下げるさいは、背中を伸ばしたまま、腰を折ることが重視されるのは、このしきたりを受け継いでいるからだ。

平伏したお側衆に将軍は「昨夜は変事がなかったか」と尋ね、お側衆は平伏したまま答える。将軍の顔をじかに見ることはなく、将軍から「面を上げい《おもて》」と声がかかっても、「はっ」と答えながら顔は伏せたままで、将軍の威力の前で体がいうことをきかない態度を表わし、二度目の「面を上げよ」の声で、ようやく将軍の胸のあたりに視線をやる。

午前十時から鳴り出した登城の合図の太鼓は、十時半頃に打つのをやめる。老中が登城したからであり、表の役所のなかを「シー、シー」の警蹕《けいひつ》の声が走る。老中は前夜宿直のお側衆に将軍のご機嫌を伺うと、それから御用部屋に入り執務をはじめる。

将軍は御座の間で学問をするか、武術の指南を受ける。ただし、どちらも見ているだけで、実技はともなわない。

そのうち昼食の時間となり、中奥の御休息の間で小姓の給仕で昼飯を食う。昼食後、ふたたび御座の間に戻ると、今度は執務の時間となる。膨大な書類に目を通さねばならないが、読むのが面倒だから小姓に読ませる。ただし、政務に熱心な将軍は、不審なことがあると老中を呼んで尋ね、相談をした。この執務が午後一時から五時頃まで続く。

ちなみに、午後二時に老中は下城する。忙しいのは書記役の役人たちである。彼らは老中の指示で文書を作成しなければならないので、午後四時まで下城不可能となる。

執務好きな将軍になると、火を灯《とも》しながら書類を見るということもある。そのような場合は老中の下城も遅くなった。

さて、大奥に泊まる夜は、その予定を午後六時までに伝えなければならない。驚くなかれ、大奥は予約制だった。一般に考えられているほど、将軍は頻繁に大奥に泊まることはない。まず、毎月十七日は家康公の命日なので大奥に泊まることはなく、他にも前将軍の命日や凶日があり、せいぜい月の半分程度にすぎない。

午後六時、大奥で御台所と豪華な夕食を取る。周囲には美しい上臈《じょうろう》（上級の御殿女中）が居並ぶ。

そのまま泊まりたくても、予約していなければ、再度、中奥へ戻るしかない。そこで武骨な小姓たちの手伝いで風呂に入る。そのさい、将軍は全裸となり、下半身も隠さない。湯あみはもちろん、着替えにいたるまで小姓にさせた。この下半身への羞恥《しゅうち》のなさが、将軍や殿様の特徴でもある。

午後九時、当直の御目付が城内を一巡して、玄関の式台でトン、トン、トンと三度足踏みして、高いオクターブで奇声を発する。「お夜引けじゃー」。これが就寝の合図で、将軍は寝室で寝る。午後十時就寝。入院患者のような退屈な一日だが、これが平日の将軍の生活である。

大奥の年間維持費は六百億円⁉

「大奥の職制は春日局《かすがのつぼね》によって整備された」と、歴史関係の書物や時代小説によく書かれているが、春日局の時代には後世ほど完璧な制度とはなっていない。

局とは御殿の長屋（二階建て）の一部屋のことで、一部屋を独占する高級女中の呼称である。

二階には、局を世話する「部屋子《へやこ》」という下女を雇って住まわせた。今も会社で古参の女性社員を陰口で「お局様」というが、実際には会社が借り上げた部屋にでも住んで、下女を雇えるほどの待遇でなければならない。

ともかく、大奥は本丸御殿の半分以上の六千三百十八坪を占める。最高位は「御年寄《おとしより》」と呼ばれる大奥女中である。御台所が皇室の出で、それについてきた公家の娘が御年寄なら「上臈御年寄」と呼ぶ。御年寄は「老女」とも称し、江戸城全体では複数いた。本丸大奥将軍付き、同じく御台所付き、西の丸に隠居する大御所《おおごしょ》（前将軍）付き、世子《せいし》（跡継ぎ）付きと、それぞれ老女がいて御殿女中を率いた。「大奥総取締役」という役職名が、テレビや時代劇に出て有名になったが、あれはフィクションであり、老女が大奥の支配人である。

ちなみに、老女は幕府の老中に相当する呼び名で、実年齢は若い。老は重要な役の意で、年齢ではない。大奥最大のスキャンダル「江島生島《えじまいくしま》事件」を起こした老女「江島」は、事件当時、三十三歳。

では、この老女、どれほどの力を持っているのか？

たとえば、老中との関係。両者の対面時、前述した平伏する作法をするのは老中のほうで、老女は膝に両手を載せたままで挨拶を受けた。

しかし、平伏をせずに両者の力関係を変えた老中がいた。松平《まつだいら》定信《さだのぶ》である。定信は両手を膝の上に載せて鷹揚《おうよう》に挨拶した老女を咎《とが》めた。老女が「先例を破るのか」と難詰《なんきつ》すると、定信は激怒して言い放った。

「もともとそのほうどもは我が家の召使《めしつかい》なり。どうして我が、そのほうどもに手を突いて挨拶する道理があるのかっ」

その剣幕《けんまく》に老女は二の句が継げず、引き下がったという。

かくして、老女と老中の男女平等が実現することとなった。松平定信は御三卿田安《たやす》家の出身であり、世が世ならば将軍にもなれる血筋であったから、押しは強い。

ただし、この一件で定信は大奥に嫌われた。定信の倹約令は大奥から猛反対に遭《あ》い、寛政の改革半ばにして失脚させられた。それほど大奥は幕府の人事に隠然たる力を持っていた。

大奥の経費は年間二十万両かかる。現在の貨幣価値に換算すると、四百億円である。天保の改革（一八四一～四三）を断行した老中首座の水野忠邦《みずのただくに》は浪費をやめさせようと、大奥に倹約を命じた。すると、筆頭老女がもの凄《すご》い剣幕で、忠邦に詰め寄った。

「人間には欲というものがある。あなたには妾《めかけ》がおるか？」

面食らった水野忠邦は、思わずうなずいてしまった。

「ならば、黙らっしゃい。われらは禁欲をしてお仕えしている者、贅沢の楽しみしかない」

老女の発言にも一理ある。松平定信同様、水野忠邦もわずか三年程度で失脚した。大奥は幕府の年間経費の半額を消費するブラックホールのような存在だったが、節約には一度として首を縦に振らなかった。

大奥で見聞したことは墓場まで

大奥女中の俸給は、極めて少ない。最高位の御年寄でも切米《きりまい》（給料）五十石、合力金《ごうりききん》（衣装代）五十両、十人扶持、薪二十束、炭十五俵でしかない。老中の役金一万両とは比べものにならない。

ただし、御年寄には二百坪ほどの拝領地が与えられた。もとより本人は大奥住まいだから貸地して地主となる。そこの地代が毎年八両程度懐《ふところ》に入り、大名や商人からの付け届けもあり、生涯で七千両ぐらいの貯蓄ができる老女はざらにいた。現在の貨幣で安く見積もっても億単位の金である。春日局などトップクラスになると、十五万両もの金の運用を細川家に依頼した手紙が残っている。

将軍や御台所の世話役の「御中臈」で二十石、合力金四十両、四人扶持、薪十束、炭十俵だが、やはり千両ぐらいは普通に貯《た》めていた。しかも三十年勤務すると退職後は、切米か合力金、どちらか高いほうを生涯支給される。

奥女中は、高級官僚の御中臈を含めて二十七階層に分かれていた。最下位は「たもん」で、力仕事をする女中、小間使いの「小僧（少女）」もいた。これらの奥女中を采配《さいはい》したのが将軍付き老女、御年寄である。十三代将軍家定付きの奥女中だけで、百八十五人もいた。他に御台所付き、隠居付きの奥女中が将軍付きの半数規模いた。

参考のために記すと、老女の江島が歌舞伎役者の生島新五郎《しんごろう》と密会した事件で、連座した奥女中は千五百人にのぼっている。

さて、大奥総取締役という役職はないが、同じように誤解されているのが「乳母《うば》」である。「未来の将軍を育てる養母」という職制はない。ただ、乳母の務めを行なう奥女中は複数いた。

まず、臨時雇いの最下層の女中で、主に乳の出る御家人の女房などが短期で雇われた。職制では「御乳《おちち》」と呼ばれる。しかし、赤子《あかご》を抱いて自分の乳を飲ませるわけではない。着物の胸を開いて乳だけを出し、赤子に息がかからないように覆面までした。実際に赤子を抱くのは「御守《おもり》」という下女で、授乳は二人がかりの仕事だった。あまりにも御乳は緊張して乳を飲ませたので、たちまち乳が出なくなり、何人もの御乳を臨時雇いしなければならないのが現実だった。

この授乳期の制度一つを見ても、春日局が「三代将軍の乳母」というのは首をかしげたくなる。春日局が御乳と御守を兼ね、権勢を振るったというのも、大奥の制度をつくったというのも疑わしい。

大奥は謎だらけである。雑役をする下級の下女たちは、大奥を下がり、実家に帰って結婚することもあったが、大奥で見聞したことはいっさい口外を許されない。その旨を書いた誓紙まで入れた。これが大奥の実態がのちのちまで明瞭にならなかった大きな理由である。

将軍が亡くなると将軍付きの御殿女中は、下々の者を含めて桜田屋敷（千代田区の日比谷公園の一角）に一周忌が来るまで監禁された。見張りは伊賀者である。その後、将軍の寵《ちょう》愛《あい》を受けた御中臈以上は、剃髪《ていはつ》して比丘尼《びくに》屋敷（尼の住む屋敷）に入り、実家に戻ることは許されなかった。

世間に漏《も》れ伝わった大奥の実態は、一周忌後に実家に戻った下級の下女の見聞だけある。

黄門は悪代官を成敗できない

テレビ時代劇で敵《かたき》役の代表格といえば、「悪代官」が定番である。頭巾をかぶり、お忍び姿で豪商宅を訪れ、山盛りの切《き》り餅《もち》（二十五両の包み）を前に語るセリフもお決まりだ。

「○○屋、お主もワルじゃのう」

「お代官様にはかないません」

まさに代官による「賄賂《わいろ》の取り放題」といった悪行三昧《ざんまい》の場面を見かける。

実は、このワンシーンは、大正時代に一世を風靡《ふうび》した立川文庫という版元が刊行した講談本『水戸黄門漫遊記』からはじまるようだ。

ご存じの方も多いが、水戸黄門こと徳川光圀《とくがわみつくに》は水戸徳川家の二代藩主である。テレビでは諸国を漫遊する御老公だが、そもそも水戸藩は「江戸定府《じょうふ》」と決められていたので、藩主は諸国の大名が一年おきに行なっていた参勤交代さえしていない。よって、実際の光圀は晩年に領内を回遊したぐらいで、旅とは無縁な身分だった。

一説には、水戸領内を回ったとき、郡奉行が「領内に小百姓を含めて一人も困窮者はおりませぬ」と偽《いつわ》りの報告をしたところ、光圀が激怒したと伝わっている。この逸話から「悪代官成敗《せいばい》」の講談が作られたという。

五代将軍綱吉が発令した「生類憐みの令」を批判するなど、その気骨ぶりから「水戸様」といえば江戸で評判が高かったこともあり、十返舎一九《じっぺんしゃいっく》の『東海道中膝栗毛《とうかいどうちゅうひざくりげ》』を模して、名君の黄門様が二人の俳人を供に奥州から越後《えちご》へと各地の大名の政《まつりごと》を視察するという講談もあった。

講談師の名前は不明だが、これらの講談は幕末期の嘉永《かえい》二年（一八四九）の作といわれるので、尊王攘夷《そんのうじょうい》の「水戸学」が盛んな時代だ。当時の水戸は学問の府であり、藩は名君黄門様の国として日本中に知られていた。

おそらく、そのあたりからも悪い政《まつりごと》をする為政者を懲《こ》らしめる水戸黄門の講談が誕生したと思われる。ラジオもない大正時代には、大勢の客があると講談本を読んでもてなす習慣があった。そんな折にも悪代官を懲らしめる水戸黄門の活躍ぶりは、聞く者を拍手喝采《はくしゅかっさい》させたのかもしれない。

いずれにしても講談本、それに次ぐ時代小説の登場とともに大正時代となり、幕臣の代官は悪役となった。そして、昭和四十四年（一九六九）八月から始まった国民的時代劇『水戸黄門』により、代官は完全に悪役の汚名を着せられ、世間に定着していったのである。しかし、江戸幕府の二百六十年近い繁栄を支えたのは紛《まぎ》れもなく代官たちであり、そこには多くの涙ぐましいドラマが隠されている。歴史上実在した代官は、泉下《せんか》で歯噛《はが》みしているに違いない。

ご先祖が旗本や武家という方にはよく出会うが、「先祖が代官」という方にはなかなかお目にかかれない。これは悪役視されているせいだけではなく、子孫が絶えてしまった代官が多かったからではないだろうか。それほど過酷な役でもあった。

代官所はどこにある？

ちなみに悪代官が治める土地は、おおむね「天領」と決まっている。『水戸黄門』のドラマ内でも、「天領のお代官たる者が！」と黄門様が一喝《いっかつ》する場面を思い出される方もいるだろう。

やりたい放題の悪代官が退治されるのは痛快なシーンだが、問題なのは現場の天領が江戸時代に存在しなかったことだ。そもそも天領という言葉さえなかった。

天領とは幕府直轄《ちょっかつ》の領地を指すが、明治維新によって幕府直轄領のほとんどが朝廷の領地となったので、「天皇（朝廷）の領地」の意味で天領と称するようになった。

テレビ時代劇で耳にする、「わしら、天領のお百姓よ」といったセリフは、江戸時代にはあり得ず、明治維新の産物だった。ドラマでは徳川光圀が、明治維新後の天領という言葉を平気で使っているのだから、さすが勤王で名高い水戸の「御老公」は江戸幕府の瓦解を予言していたのかと揶揄《やゆ》したくもなる。

この天領は、江戸時代に「御料」もしくは「公料」と呼んでいた。幕府の「御料地」「公儀料地」の略であり、幕府の法令を見ると「御料所」「代官所」とも記してある。

ようするに代官所とは、「代官の役所（建物）」のことではなく、各代官が支配する幕府直轄領を指し、その地域の幕領を意味する言葉である。各地に散在している幕領を、それぞれ各地の地名を冠して「〇〇代官所」と呼ぶ。幕領の所在地の名称が代官所なのである。

あたかも警察署や税務署のように代官所が設置されているわけではないため、時代劇のように「代官所に出頭せよ」という言葉もあり得ない。何しろ幕領の農民は代官所内に暮らしている。俗にいう代官所は、「代官陣屋」もしくは「代官役所」が正しい。おそらく江戸時代の人がドラマを見たら、意味がわからなくて頭を掻《か》きむしるに違いない。

『水戸黄門』では、代官所に乗り込むストーリーも多かった。事前に「疾風《はやて》のお娟《えん》」（初期は「かげろうお銀」）と「風車の弥七」という忍び役の二人が、代官の屋敷に忍び込んで証拠を固めてから、黄門さま御付きの「助さん」「格さん」の進言で、「御隠居、代官所に乗り込みますか」となって、いよいよ黄門様の出番となる。ドラマの放送時間でいうと放映が始まって四十五分前後。

この場面を江戸時代に忠実に描くと、代官所に乗り込むと勇《いさ》む水戸黄門一行の傍《かたわ》らにいる農民が「ここらが代官所だんべ……？」ということで一同がズッコケるに相違ない。それほど代官は誤解されている。

代官は出先機関として陣屋を構えていたが、このあたりも時代劇では正確に描かれることはない。テレビ時代劇では村内や宿場内に厳《いか》めしい門構えの代官陣屋があったりする。今も地方によっては、教育委員会あたりが観光課とタイアップして復元した代官陣屋を、無神経にか、それともテレビの視聴者に媚《こ》びてか、前述のごとく「代官所」と表示している。歴史を蔑《ないがし》ろにすることとはなはだしい。

代官は幕領内の農民にとって、「お殿様」のような存在であった。よって、水戸黄門であろうと、代官をバッタバッタと斬り倒すわけにはいかない。代官は、その名の通り「幕府の代理の官」なのだから、徳川一門であろうが老中であろうが、正式な審理なしには処分できない。

東海道や街道筋の代官陣屋へは、参勤交代の大名が必ず挨拶に寄ったほどである。これほど威厳のある代官を水戸の御隠居が斬り倒せば、桜田門外で井伊直弼《いいなおすけ》大老が首級を挙げられたのに匹敵するほどの大事件となる。おそらく水戸黄門は「乱心」とみなされ、蟄居《ちっきょ》を言い渡されただろう。

代官に命を捧げる義理もなし

全国にいた代官の人数は、江戸時代を通じて常に四十人から五十人程度だが、その半数は各地の幕領の陣屋に家族ごと引っ越して支配した。江戸の自宅は空き家になるわけではない。自宅は改造して、代官下僚の元締《もとじめ》や手代の住居となり、遠隔地の陣屋と江戸の勘定奉行との連絡・調整を行なう役宅として使用された。

代官の部下は、元締二人、手代または手付が八人、書役二人、侍三人。他に勝手賄《かってまかない》（料理人）一人、足軽一人、中間（雑役）一人の十六人。たいていは、この人数で幕領を支配した（一般的に代官が支配する幕領は五万石程度）。「忠臣蔵」で知られる赤穂《あこう》浅野家は五万三千石。家中には三百人もいた。中間を加えれば、優に千人を超える。ほぼ同じ広さの幕領を、代官はわずか二十数人で支配したのである。

元締は代官の家老のような存在で、もっともベテランの手代がなった。手代とは文字通り「手の代わり」で、代官の事務を執行する。陣屋近傍の農民の次男坊や江戸の町人などが抜擢され、読み書き、算学を身に付け、事務に習熟していた。手付は手代と職務は同じだが、江戸後期から登場し、非役の御家人から選ばれたという。

代官の役高は百五十俵から二百俵と低い。これは札差《ふださし》で換金すると、年に六十四両（千二百八十万円）から八十五両（千七百万円）である。当時、大工の棟梁でさえ年収二十七両（五百四十万円）を手にしていたことを考えると、重責にもかかわらず、薄給だった。

代官自身が薄給だから家来たちの給与も少ない。たとえば、代官の下にいる侍。彼らの給金は三両二分一人扶持にすぎない（一人扶持＝食事一日二回、一カ月に玄米一斗五升の支給）。俗にいう貧乏侍の代表格「三ピン侍」である。江戸の裏店の職人でさえ年収十二両（二百四十万円）程度はあったので、代官役所の侍は裏店の職人より給金が安かった。

侍たちは代官が村を廻るときのお飾りにすぎない。代官が役宅から外出するさい、両刀を腰に束ねた侍を従えたのである。

「水戸黄門」で定番のシーンがある。悪代官の陣屋に乗り込み、格さんが警察手帳のように葵《あおい》の御紋の印籠《いんろう》を代官所の面々に突き出して、「この御方をどなたと心得る」というお決まりの言葉を口にする。代官所の面々は一瞬たじろぐも、その刹那《せつな》、「御老公を騙《かた》る不届き者じゃ。成敗してくれる。者ども、出会え、出会え！」と開き直り、クライマックスのチャンバラに突入。視聴者が心待ちにする場面のはじまりだ。

襖《ふすま》が開いて抜刀した代官陣屋の侍たちが黄門一行に殺到するわけだが、現実には三人しかいない。おまけに、お飾りの三ピン侍だから腕に覚えがあるはずもなく、代官に命を捧《ささ》げる義理もなし。代官が「者ども、出会え！」など口にすれば、役宅から全員、先を争うように逃げ出したはずである。一度、そういうリアルなドラマを見てみたいものだ。

代官で財を成した人はいない

お代官様は貧乏だったと先に述べた。新任代官の役高は百五十俵。代官になっても加増されることはなく、旗本として体面を保つ交際費の捻出《ねんしゅつ》も難しいほどである。

むろん、先立つものがなければ、任地に赴任できるわけもない。よって、新代官を拝命すると「御役拝借」と称する旅費と役所の建設費が出た。旅費が二百両（四千万円）、江戸の自宅を役所にするための建築費が六十両（千二百万円）。ただし、給付金ではない拝借であるから、どちらも十年の年賦《ねんぷ》で返金しなければならない。

その他、五万石の代官には「諸入用《しょいりよう》」として五百五十両（一億一千万円）と七十人扶持が支給された。莫大な額に見えるが、そのうち部下の人件費だけで二百七十四両二分と七十人扶持が消える。半分以上は人件費で、残りはおよそ二百七十六両（五千五百二十万円）である。

ここから村や郡への手代の派出費（二十両）、検見《けみ》（農作物の収穫調査）で五万石の村々を巡回する費用（五十五両）、年貢米の検査と運送費（十五両）、代官陣屋と江戸の役宅の飛脚費（二十両一分）、筆と墨・紙代・蠟燭《ろうそく》費（三十五両）、薪炭《まきすみ》など暖房費（四十両）、公用会合や修繕費（四十両）、手代の執務中の食費（二十五両）、元締二人の公用任務の費用（二十五両）で合計二百七十五両と一分となり、諸入用分が入って赤字である。村や陣屋で変事があったら、確実に借金をするしかない。

加えて御役拝借で初めから二百六十両（五千二百万円）の借金があるため、借金だらけで赴任することとなる。これでは、借金返済のために代官を務めるようなものだ。

非役の旗本や御家人は、役に就こうと伝手《つて》を求めて猟官運動をしたが、役に就くための賄賂の相場まであり、たとえば「御目付」は二百両（四千万円）、「御使番《おつかいばん》」は百両（二千万円）と、幕末の旗本の回想録にあった。ところが、なぜか代官の相場はない。誰も金を払ってまで就任したくない役だったに違いない。

代官と豪商は悪のタッグチーム？

もう一つ、赴任に際して幕府に願い出れば、一万両（二十億円）から三万両（六十億円）を借りることができた。これは荒れ地を耕したり、灌漑《かんがい》工事に使用したりする費用だが、一万両を陣屋の蔵に寝かせておくわけではない。地元の商人に年利一割で貸し付けて、その利息で灌漑工事や堤防の修理をした。さらに利息の一分（一パーセント）から六分（六パーセント）を陣屋での生活費に使うことが許されていた。

ただし、一万両の金を借りてくれる商人がいたとしても、資金運用がうまくゆく保証はない。利息どころか元金も返済されない貸し倒れもある。そもそも貸付先がない場合もあった。これら幕府からの借受金は、代官の「引負《ひきおい》（負債）」となり、返済の目途が立たなければ処罰された。

したがって、幕府からの資金をなんとしても運用するために、代官は地元の大商人と泥《じっ》懇《こん》にならざるを得ない。このあたりが誤解されて、「商人は代官の金蔓《かねづる》」「悪代官と悪徳商人の癒《ゆ》着《ちゃく》」といった、テレビ時代劇の代官と豪商の悪の構図となった。

いつ破綻《はたん》してもおかしくない代官の懐《ふところ》を支えていたのは、代官所の富商だった。代官陣屋の奥の間で、地元の商人と代官が密談したのは事実だが、「お主もワルよのう」「お代官様にはかないません」と揺らめく灯火の陰で、両者は薄笑いをしていたわけではない。もっと深刻で、幕府拝借金の運用がうまくできない商人を前に、代官は「お主にも苦労をかけるのう」「お代官様ほどではございません」と労《いたわ》りの声をかけていたのだ。陣屋の奥の間での両者のやりとりには、思わずもらい泣きしそうな現実があった。

不作で年貢が滞《とどこお》りでもすれば、代官は商人から翌年の年貢を担保に金を借り、それが雪だるま式に増える。言うまでもなく、この引負が返済不可能な額と発覚すれば、代官は罷《ひ》免《めん》ではすまず、処罰された。のみならず、子々孫々まで弁済を強制されたあげく、返済不可能なら御家断絶となる。

幕末、ある代官の手代だった宮内公美は回想して、このように断定している。

「代官で財を成した人物などおりません」

補足すると、江戸時代の代官を網羅的に研究した西沢淳男氏の『代官の日常生活　江戸の中間管理職』によると、「世に悪代官」と呼ばれて、「罷免」された代官は十二パーセント程度しかいない。改易や遠島、斬罪も含まれるが、江戸時代を通じて全代官の一割強のみが「悪代官」だったことになる。そのなかには、災害に襲われた村の窮乏を救うため、村民に代官陣屋の貯蔵米を配り、その報告が幕府に遅れたゆえ、罷免された者も含まれる。税を肩代わりした悪代官（？）もいた。

そうなると、悪代官の数は一割未満だったのかもしれない。どうやら時代劇に数多く登場するほど、悪代官が跋扈《ばっこ》していたわけではないようだ。

農民は本当に虐げられていた？

農民の暮らしぶりは、土地によって大きく差があったが、時代劇のように全国一律、農民全員が虐《しいた》げられていたわけではない。

もちろん、身分制度は厳しいので、岡山藩池田家の領内や薩摩《さつま》藩（鹿児島県）島津家の領内のように、城下外の道で侍に出会ったさいは、農民たちは土下座するといった慣習が守られていた土地もあった。

それでも、経済的にはそれぞれの土地で農民は最大限の努力をして、生活を豊かにしようとしていた。そこで農民らは幕府の年貢（税制）が基本的に米を中心にしているのに着目し、「税金の軽い」もしくは「税金を逃れる」ことのできる作物や商品作りに精を出した。

相州高座《こうざ》郡秦野《はだの》村（神奈川県秦野市）は煙草《たばこ》作りで知られたが、これは公租が少ない。そのため大量の煙草を早く作るため、家のなかに煙草の葉を持ち込み、囲炉裏《いろり》や火鉢《ひばち》を総動員して乾燥を早めた。温室乾燥である。火事になりやすいので、何度も代官陣屋から禁止のお触れが出たが、農民たちはやめなかった。もちろん、儲かるからである。

尾張（愛知県）や摂津《せっつ》（大坂府・兵庫県）の河川沿いの村では、耕地の四割以上は公租が少ない綿を植え、それを収穫して木綿布を売った。

こんな調子で年貢率の低い作物を作ったので、ある研究では、江戸後期の幕府直轄領の年貢率は「二公八民」、つまり年貢は二割のみになったという。同時代十八世紀のイギリスでは、国民の収入の半分を税金で徴収したというから、江戸幕府の徴税は緩かったの一語に尽きる。

借金だらけの領主が村に掛け合うと、なんとか金を村人が工面《くめん》できたのも不思議ではない。農村が困窮していたとされる東北や中部、北陸の山岳地帯は除かれるが、それなりの現金を農民が持っていたのは事実である。

すでに松平定信の寛政年間、代官所の手代が検見《けみ》（年貢高を決めるための調査）に村を訪れると、農民は年貢を安く見積もるように二十両や三十両の「袖の下」を贈るのは常識だった。今日では四百万から六百万円の賄賂である。

そこで関東地方の幕領を支配した篠山《ささやま》十兵衛は、手代たちに農民から金品を受け取らないようにと、検見のときに五両の手当を出した。百万円ほどである。

それでも、農民は金銀を差し出すのが慣習なので、手代に二十両から三十両むりやり押しつけた。

その手代いわく、「なかなか五両にてはこたえられ申さず」。

贈り物か賄賂か判然としないのが、江戸時代の特徴でもある。これは一部の世界では今も同じで、グレーなことばかり伝統として生き残る。

第五章

歪められた歴史

「江戸歳時記」の虚と実

超まずい将軍様の雑煮

この章では、江戸の一年について書くことにしよう。

元日午前七時、将軍は「熨斗目《のしめ》（模様のある小袖）」「長裃《ながかみしも》」姿で大奥の御座《ござ》の間《ま》に御台所《みだいどころ》とともに座る。

将軍から「新年おめでとうござる。幾久しく」と挨拶があり、これを受けて御台所が「新年の御祝儀めでとう申しあげます。相変わりませず」と応じる。新年の挨拶は夫からするものらしい。

それから朝食となる。「雑煮」を食べるが、これが苦行である。三河《みかわ》（愛知県）山中の豪族から成り上がった将軍家は、初心を忘れぬため特別な雑煮を食べた。大根だけ放り込んで、ろくに味付けもしていない。餅《もち》も入っていない。このまずいこと極《きわ》まる雑煮を「うまい、うまい」と言いながら、やせ我慢して飲み込む。

それに答えて、御台所は「よいお味加減で……」と言いながらおかわりをする。それも三杯まで食う習いなので、ちょっとした拷問《ごうもん》に近い。

食事が終わると将軍は中奥《なかおく》へ帰って、礼服の「直垂《ひたたれ》」に着替えて、表の白書院（公式行事を行なう場）の上段に座す。眼前には御簾《みす》が下りていて、その御簾越しに大名たちが平伏している。

今度は大名たちのほうから「新年、おめでとうございます」の賀詞を受ける。将軍は小声で挨拶に答えるが、それを老中が大声で伝える。御三家を筆頭に外様《とざま》の大身、井伊や会津松平侯など譜代の大名が、位階の順に一人ずつ進み出て平伏した。献上した太刀《たち》などの目録を老中が高々と読み上げると、平伏したままの姿勢で左の下座に這《は》いながら下がる。

かたや、大奥では御台所が千人以上の奥女中の拝賀を受ける。

このような江戸城の年賀の儀式を書いたのは、正月の江戸の風景を知るためである。

元旦から大名のラッシュアワー

江戸の正月は年賀に登城する大名たちの行列で、市中は元旦からごった返した。御三家の尾張《おわり》徳川家は市ヶ谷から、紀州徳川家は麹町《こうじまち》（時代により変遷あり）から、水戸《みと》徳川家は小石川から、譜代の諸大名は谷中《やなか》や浅草あたりから、諸役人は神田からと、それぞれが行列を組み、あるいは供を従えて江戸城へ入る。

その道筋は通行禁止であり、江戸の町人は初詣どころではない。二日には御三家の嫡子、国持《くにもち》大名、准《じゅん》国守、別格大名の喜《き》連川《つれがわ》氏（足利《あしかが》将軍の縁筋）など外様大名が登城して、江戸の道路は大渋滞が続く。

さらに三日には御三家の嫡子で無官の者、無官の大名や銀座役人、町年寄《まちどしより》などが登城した。正月の三が日は、約百三十家以上の江戸在勤の大名行列が行き交《か》い、旗本は中間《ちゅうげん》と侍を引き連れ、誰もが道路の真ん中を通って登城するので、市中の交通は麻痺《まひ》した。その隙《すき》を縫《ぬ》って武家が供を連れて、上役の家を年賀に訪れる。

関東代官である旗本の竹垣直道《たけがきなおみち》の日記には、元日は城中で挨拶する他に、午前七時頃から登城前の老中七人に挨拶をして午後一時に帰宅すると、年賀の来客八十七人が待っていたと記されている。二日は登城前と下城後に三十二人廻勤（挨拶回り）をして午後七時に帰宅すると、年賀の来客が六十人いた。このような日が六日ぐらいまで続く。それぞれの江戸在勤諸藩の武家も同じことをしているから、江戸の町中が元旦からどれだけごった返したか想像がつく。

大名行列と侍の往来で、市中を通り抜けての初詣など、よほど道筋を工夫しなければ不可能であった。江戸の正月風景は、時代劇のように静かでのんびりしたものではない。

町人は「恵方参《えほうまいり》」と称し、その年の縁起のよい方角の寺へ大名行列の往来を避けてお参りしたものである。神社に参拝することは少なかった。神仏混交の時代なので、寺と神社は一組だったが、神社では元日の行事はほとんどない。神社への初詣は昭和にはじまった風習である。

二日の夜は「姫始め」

江戸城は二日になっても忙しい。将軍は大名との年賀の儀式。

大奥では、御台所のお書き初《ぞ》め、お読み初め、お裁《た》ち初めがある。ただし、お読み初めといっても古典の各種の和歌集を開くだけ、裁ち初めも御中臈《ごちゅうろう》が差し出す布にハサミを三センチほど入れるだけである。奥女中たちは、染め初め、掃き初めと忙しい。そして、夜は「姫始め」となる。

御台所を「姫」と呼ぶのは不自然だが、有職故実家の伊勢貞丈によれば「ヒメハジメ」は、「これ子孫増大の大本にて、人間第一の大礼なりといわれしは卓見なり。その行いは、人の前にてすべきことに非《あら》ず。よって秘事初めの略称なり」と断定している。「秘め事初め」の略である。

この日の御台所の寝巻きは、儀式用で紅と白の平絹二枚重ね。東向きに敷かれた蒲団《ふとん》に寝ている将軍の「参られよ」の一声で、「はい」と御台所が将軍の右側へ体を滑《すべ》り込ませる。男女の正しい並び方は、男は女の左に、女は男の右にということになる。これが古代中国伝来の正しい男女の寝姿である。

御台所は黒髪を解いて長く垂らすが、髪を体の下に敷いて寝るのではなく、枕の先へと伸ばし、蒲団から出した。まるで海藻《かいそう》のようである。これが平安時代から髪を伸ばした女性の寝方である。

遊びではない将軍の「凧揚げ」

凧《たこ》揚《あ》げは正月の子どもの遊びで、大坂では「烏賊《いか》のぼり」といった。大坂城の馬場が開放されて、大坂の子どもたちは連日、烏賊のぼりを揚げ、ブンブンと風切り音とはしゃぎ声を上げていたと、大坂城番の関宿《せきやど》（千葉県野田市）藩士が記録している。

この凧揚げは、将軍家でも重要な行事で、正月三日に将軍自ら江戸城の城壁から大凧を揚げた。そもそも凧揚げには天と人とをつなぐ意味があり、将軍の凧揚げも天上と天下をつなぐ絆《きずな》を再確認する行事だった。将軍の凧は、その格式に見合う縦八メートルの大凧で、十代将軍家治《いえはる》の凧は、御用絵師狩野典信《かのうみちのぶ》の筆になる、松に鶴のめでたい絵が描かれていた。

天明四年（一七八四）正月三日のこと。将軍家治が城の石垣の上から大凧を揚げると、突然の強風に煽《あお》られた。凧は宙空を舞い躍り、綱を一緒に握っていた家臣四人が空に引っ張り上げられて、その後、次々と地上に墜落して三人が大怪我をした。

綱をつかんで腕に巻き付けていた堀田豊前守も高空へ連れ去られて落下し、井戸に激突して骨を砕いた。大凧は空高く回転すると、真っさかさまに墜落した。家治は天下を結ぶ絆の操縦に失敗したわけで、奇《く》しくもその年は天明の大飢饉《ききん》と疫病が重なった。

それを気に病《や》んだのかどうかは不明だが、二年後の天明六年（一七八六）九月八日、家治は五十歳でこの世を去った。

今年初めての外出

正月も四日になると、町方では「坊主の年賀日」と呼ばれ、僧侶が檀家《だんか》を訪問する日である。城内では何も予定はない。将軍は堅苦しい儀式から解放されて、初めて外出する。もとより大勢の家来がついており、先導の御徒《おかち》の御家人が「おはらい、おはらい」と警蹕《けいひつ》を叫びながら、将軍の一行は町中を通過していく。

行き先は「浜御殿《はまごてん》」（東京都中央区）か葛西《かさい》（同江戸川区）、小松川《こまつがわ》（同江戸川区）、亀有《かめあり》（同

葛飾区）止まりだったが、その間の交通は遮断《しゃだん》された。道は清められて砂が撒《ま》かれたが、これは最高級の待遇である。将軍以下の場合は道路の隅に円錐形《えんすいけい》の盛り砂を置く。寺院や神社で見かけるのと同じで、すぐに砂を撒《ま》いて清める準備があることを意味した。

江戸市中は乗馬禁止だったので、将軍の場合も市中は馬を引く「口取り」がついて、ポックリポックリと歩いたに相違ない。江戸市中を馬で疾走させるのは御法度《ごはっと》である。

「七草がゆ」で正月を締める

城内でも町方と同じく七草の祝いがあり、御三家と御家門はもちろん、加賀前田家などが登城して祝いの言葉を述べた。大奥では朝食に白粥《しろがゆ》を奉る。その後、御膳所（台所）で瀬戸物の壺《つぼ》に七草を盛り、それを白木《しらき》の三方に載せて御台所に奉る。その七草を御台所は順次手に取り、草の露で自分の爪を濡らす儀式をした。

七草の青菜を御台所が採集してきたことを意味するのか、その年の恵方《えほう》（吉方）を向いて七草を刻む習慣を象徴したものかは不明である。いずれにしても青菜の七草は春の象徴で、「一陽来復《いちようらいふく》」（一陽来復については後述）を願う行事だった。この日で江戸城の正月の儀式は終わる。

正月十一日は「御具足開き《おんぐそくびらき》」である。

この日、黒書院《くろしょいん》（将軍の私的対面の場）上段の床の間に神君家康公着用の「歯朶《しだ》の御具足」を飾り、その前に三方に載せた鏡餅を添える。歯朶の御具足は長久手《ながくて》の合戦で秀吉軍を破ったときに徳川家康が着た総革紺糸絨《そうがわこんいとおどし》の甲冑《かっちゅう》で、兜の前面の前立ちが歯朶の葉の形をしたものである。

将軍をはじめ家臣団が午前九時に集合し、熨斗目・半袴《はんばかま》（普通の袴）の略装だが、厳粛に順次、黒書院で平伏する。その後、具足に備えた鏡餅を帝鑑《ていかんのま》間で食べる。鏡餅は上に固練りの餡《あん》を載せた餅で、これを二切れほど口にした。後世、警察署の「道場開き」、柔道場・剣道道場の「稽古初め」を鏡開きと誤解して呼んでいるのは、この十一日の行事に由来する。

大奥が大騒ぎした「節分」に「桃の節句」

節分は江戸城でも重要な儀式で、本丸御殿では老中が年男の役を務め、豆まきをした。年男の「年」とは稲作の周期を意味するため、石高《こくだか》制度が基本の江戸幕府では大事な行事である。

大奥でも豆まきが行なわれたが、男子禁制なので豆まき役の年男は「御留守居《おるすい》」が務めた。御留守居は将軍が出陣した留守を護《まも》る役だが、泰平が続き、「老衰場《ろうすいば》」と呼ばれる年老いた武士の役職となった。

老人ゆえ大奥でも安全という理由で、しわ枯れた声をがんばって張り、「鬼は外、福は内」とやった。具体的には、「福は内」「福は内」と声を上げて豆をまくと、次に「鬼は外」と言って戸を少しだけ開いて豆をまくや、ピシャリと閉める。いかにも寒気を防ぎ、福の春を呼ぶにふさわしい。

ちなみに鬼とは寒気のことを指す。寒気の象徴の牛の特徴は角であり、これが角の生えた鬼に変わり、「鬼は外」の言葉が生まれた。「福は内」の福は、春がまた来る「一陽来復」の「復」で、「鬼は外、福は内」のかけ声は、「寒気を追い払い、来復（春）を呼ぶ」というものである。

豆まきが終わると、年男の御留守居は大奥女中たちに胴上げされたが、これは「武者震《むしゃぶる》い」と同じで、力を奮い立たせるまじないだった。女中たちは御留守居を胴上げして、最後は手を離して、ドスンと落としたという。まさか老人が「奮い立たない」ことへの当てつけではあるまいが……。

三月三日は「上巳《じょうし》の節供《せっく》」。

旧暦の上巳である三日は五節句の一つで、大名総登城である。表御殿で長裃姿の大名が祝辞を将軍に述べる。幕末の万延《まんえん》元年（一八六〇）のこの日、大老井伊直弼《いいなおすけ》が登城の途中、水戸浪士に暗殺されたため、大名たちはこぞって登城したイメージが強調されるが、御三家では名代《みょうだい》として家老を登城させる家もあったほどで、さして重要な行事ではない。

むしろ、大奥のほうが大騒ぎの日である。上巳頃に咲く桃の節句のため、前月末から雛《ひな》飾《かざ》りを準備した。御座の間と御休息の間の二カ所に十二段の雛壇を設けて、三月一日から四日まで飾る。その間、御年寄や御客会釈《おきゃくあしらい》（接待役の奥女中）も各自の部屋に雛壇を設けた。西の丸や三の丸にも雛段が飾られたので、大奥の女中たちは方々の部屋を訪れては、白酒や五目ずしなどを御馳走になった。女性の祭りであり、将軍は朝から大奥へは姿を見せない。なお、衣冠束帯の内裏《だいり》雛は、向かって右に男、左に女の並び方が正しい。

「年度はじめ」の参勤交代

江戸の奉公人は三月晦日《みそか》に契約が終わり、翌四月一日から新しい奉公人が働きはじめる。会計は四月一日をもって新しい年度になるからである。

もともと会計年度とは、歳入を明瞭にして、歳出の計画を作る作業を指す。江戸時代の歳入は基本的に米である。年貢の米は毎年旧暦の十月から二月、三月までに納めることになっていた。それを過ぎると、米の質が落ちて、蔵に納めることが困難になるからである。

承応《じょうおう》元年（一六五二）正月四日付の幕府の布令には「毎年三月五日より会計をはじめ、前年分中の勘定をなし、その余は皆済すべし（中略）傜夫《ようふ》（日雇い）の賃金はその日限りにあたふべし」とある。旧暦の三月五日が幕府の会計年度のはじまりで、武家奉公人、商家奉公人、職方奉公人など、その家の水汲み、飯炊き、洗濯などに従事する者は一年契約で、この日に交代させられた。

年季奉公人の契約切替日が延宝《えんぽう》七年（一六七九）に三月晦日《みそか》に切り替えられた。この年貢米による幕府会計年度が明治になって、旧暦の三月晦日から現行暦の三月晦日に読み替えられた。会計年度という社会の中枢のしきたりのなかでも、江戸時代は生きている。コロナ禍、九月変更へと話題になった学校の四月入学も同じである。

四月は外様大名の参勤交代の季節で、江戸を出る大名行列、江戸にやって来る大名行列で、街道筋は密となり、しばしば通行できない。

また、京都からは「日光例幣使《にっこうれいへいし》」が派遣され、中山道《なかせんどう》を進む。日光例幣使は徳川家康の命日の祭礼のために朝廷から派遣される使節である。公家が五十人ほどで四月一日に京都を出発、命日十七日の日光東照宮の祭礼に向かうもので、往路は中山道から例幣使街道を下り日光街道を経《へ》て到着、帰路は日光街道から江戸経由で東海道を経て帰洛した。

この行列は街道筋で評判が悪い。本来なら全員公家とその家臣だけのはずだが、一行に偽者《にせもの》の公家が交《ま》じっていた。公家に貸しがある八百屋だの酒屋だのが公家のふりをして同行し威張りちらしたのである。

公用であるから幕府は街道筋に人足を出役させたが、駕籠に乗っている例幣使の一行の一人がうめき声を上げて、駕籠から突如「パタリ」と飛び出る。出役していた道中の村役人は、「落ちた！」と思ってあたふた駕籠に走り寄る。平身低頭で「とんだ失礼を。どうか御内密に……」と駕籠から飛び出た例幣使一行の一人に金を握らせる。誰がどこで駕籠からパタリと落ちて金を懐《ふところ》に入れるかまで前もって決まっていたようで、その場所を「麻呂《まろ》のパタリ場」などと呼び、パタリ場をめぐってもめるほどの不埒《ふらち》さであった。

このような偽物《エセ》公家はともかく、下級以上の公家は巷間《こうかん》いわれるほど貧乏ではない。幕府からの俸禄の他、諸職人への免許を発行するなどの収入があった。朝廷に出仕する公家ともなれば、三百諸侯や旗本に官位を発行するときの斡旋《あっせん》料も重要な収入となった。上流公家や朝廷は、まず生活に不自由はなかったと思われる。

将軍だけが参加する「天下祭」

六月は譜代大名の参勤交代の月のため、外様の大藩よりもコンパクトな行列になったが、それでも江戸を出る大名、参勤する大名で街道筋はごった返し、通行困難となる。十五日には「天下《てんか》祭《まつり》」が行なわれた。

現在の千代田区永田町にある日枝《ひえ》神社は、江戸時代まで日吉山王大権現社《ひよしさんのうだいごんげんしゃ》と称し、もともとは江戸城内紅葉《もみじ》山《やま》に鎮座していた。その後、隼町《はやぶさちょう》を経て赤坂に遷移した。徳川家康以来、代々将軍家の産土神《うぶすながみ》とされている。江戸城下西半部の総鎮守《そうちんじゅ》でもあり、その例祭（毎年開催される大祭）である「山王祭《さんのうまつり》」は、東半部の総鎮守である神田明神《かんだみょうじん》の「神田祭」とともに将軍上覧の天下祭と称された。神田祭と山王祭は毎年交代で神輿《みこし》を出し、隔年で陰《かげ》祭《まつり》（神事のみの小さな祭り）を行なった。

山王権現の三基の神輿は、赤坂から麹町を経て日本橋茅場《かやば》町《ちょう》の御旅所《おたびしょ》まで神幸《しんこう》するのだが、神輿は食事や性行為を避け精進潔斎《しょうじんけっさい》した氏子《うじこ》たちが静々と担いだ。これに六十基を超える山車《だし》、踊り屋台、飾り屋台の練物《ねりもの》（着飾った集団）が供奉《ぐぶ》した。江戸城内まで練り込み、将軍が親しく神輿に拝礼する。

問題は多数の城門を神輿はともかく、供奉の山車をくぐらせることだった。山車は背が高い。大名行列の槍でさえも城門や見附《みつけ》で伏せなければならないので、そのまま山車が城内に入るのは不可能だった。そこで城門をくぐるために高さが三段階に伸縮する山車が誕生した。これは江戸型山車と呼ばれる。

練物のほうは将軍の意向で、演題や演者、衣装の模様まで決められた。その実、注文を出すのは大奥だったが、この豪華な演出のための費用を御祝儀《ごしゅうぎ》として町方に配るわけではない。祭礼の費用は町方持ちと決まっていたからである。

祭りの費用を捻出《ねんしゅつ》する方法は、基本的に今に通じる。町内の一軒一軒が二十七文程度を拠出した。現在の額面で千三百五十円程度の寄付を募った。他に地主や大店が大金をはたく。金に加え、酒を差し入れる家もあった。

費用が足りないときは、神輿の担ぎ手「若睦《わかむつみ》」が出し合った。ここが現代とは違う。神輿を担いで騒ぎに騒いでタダ酒を飲むというケチな根性持ちは、江戸っ子にはいなかった。揃《そろ》いの法被《はっぴ》と浴衣《ゆかた》も自前で買うもので、買うと手拭《てぬぐい》が一本添えられる。

それらを調整するのが家主＝大家さんで、二カ月ぐらいは祭りの準備で忙殺された。当日は神社の神輿が通り過ぎる町内に「渡りを付け（話し合い、連絡をつけ）」て回った。その御礼が手拭二本を半紙で巻き、水引を付けたものだ。これも変質したが、現在も寄付をした家庭には水引を印刷した紙で包んだ手拭を配ったりする。

神輿を警護し先導するのも家主で、鳶《とび》の親方が半纏《はんてん》姿でしたがう。隣接する町内では、やはり家主が羽織袴、鳶の親方が半纏姿、担ぎ手の若衆が揃いの着物で神輿を待っていて、手締めをしてから、神輿を隣町の若衆に託した。

この祭礼の間、参加するのは武家では将軍だけである。旗本であろうと本国は三河や尾張の出身が多いため、警備につくだけである。祭りは基本的に町人のもので、それも神輿を担いだりする力仕事は、大店や金持ちの家の者はしない。大金を寄付しているので、それこそ力仕事をするのは沽券《こけん》にかかわるからである。

「七夕」「中元」「藪入」行事が目白押し

七月七日、この日は大奥では「七夕《たなばた》」の日であるが、七月七日は季節の変わり目となる五節句の一つでもあり、在府の大名たちが総登城した。大名は供揃で登城するが、その家臣たちは大名が下城するまで、江戸城の門外「腰掛《こしかけ》」という場所で待っていなければならない。これが家臣にはつらい。普通は午前中に下城になるのだが、長引くと昼飯を腰掛で食べ、待たなければならない。

豊臣秀吉の時代から加賀（石川県）の前田家と摂津三田《さんだ》（兵庫県）の九鬼《くき》家は同僚同士で親しかったが、今や加賀百万石と三田三万六千石と石高に天と地の差がついた。

殿様同士は江戸城で出会うのを喜んでいるが、お供の家臣は弁当の時間がつらい。加賀百万石の家臣は卵焼き入りの豪華な弁当を広げるが、三田三万六千石の家臣の弁当は梅干しにおかずが少々の粗末なもの。恥ずかしいので、三田の家臣は背中を見せて、弁当を隠して食べた。この腰掛があったのは、現在、皇居前に鎮座するパレスホテル近くの桔《き》梗《きょう》濠《ぼり》の奥のあたりである。

七月十五日は「中元《ちゅうげん》」で、江戸城の祝宴日として大名と旗本が登城して宴会を開いた。その意味は「無事に半年生き延びることができました」というものである。戦国時代以来、半年生きたのを祝うほど武家はいつ死ぬかわからない苛酷さがあった。

時代劇からは想像もできないが、泰平の世でも全国の大名の家計は火の車で、借金で首が回らないのが現実だった。いつ潰れるかわからず、領内年貢収入の五割は家臣らの俸禄に消え、残りの五割は参勤交代と江戸での交際費に消えた。大名家の生活費や城の修繕、領内の整備の予算は皆無で、それらは豪商からの借金で埋め合わせをするありさまである。

たとえば、各大名家は中元の贈答をし合うが、国持大名となると二百家ぐらい交際しており、一家につき挨拶と返礼で四百組の使者と中元の品物が往来する。江戸在勤大名は百三十家あった。

『寛政重修諸家譜』に載せられた旗本六千三百五十四家も出世や猟官運動を兼ねて御中元を届けて、挨拶回りをしたうえ、一族間での贈答もある。

大名、旗本・御家人にかかわらず、武家は交際の贈答費用で赤字になりながらも、借金をして贈り物をした。そのおかげで、江戸の商人は大儲けである。全国の年貢の二割から二割四分が江戸で消費された。

商家に住む奉公人（丁稚《でっち》）は、年に二回だけ連休「藪入《やぶいり》」があった。正月の十六日と七月十六日の前後である。主人から丁稚が一人前と認められると、小遣いと着物、それに下駄を与えられて、藪入できた。

もっとも、江戸や京都・大坂など大都市の奉公人は、実家まで遠い場合も多い。結局、実家と往復するだけで二日かかるので、盛り場で遊んで過ごしたようだ。このあたりは今のビジネスマンの夏休みと変わらない。

さて、藪入の前後は七月七日の七夕からはじまって、十三日には盆の迎え火（旧暦七月、現行暦八月）、十五日は中元、十六日の盆の送り火まで、行事が目白押しだった。そこで藪入前後を昔の人は、「盆が間」とも呼んだ。この盆が間がいつしか「盆釜」の字となり、「お盆は地獄の釜の蓋《ふた》が開く」というおどろおどろしい言葉になった。

ついでに書けば、藪入の語は江戸時代に生まれた。七夕からはじまって中元の祭祀《さいし》や盆の迎え火、送り火などは、もともと僧侶は関知しなかったもので、これらの祭祀は民間の「野巫《やぶ》」と呼ばれる陰陽《おんみようじ》師が行なった。盆が間の期間の祭祀には、野巫が欠かせないので、「野巫要《い》り」となったに違いない。呪術《じゆじゆつ》で治療する民間の医者を「野巫医者」と呼び、転じて「藪医者」となったのに似ている。

江戸っ子は「盆踊り」を知らず

江戸では「盆踊り」はなかったので、江戸っ子は盆踊りを知らない。

ところが、地方各地の城下には盆踊りがあった。今も越中小原《おわら》（富山市八尾町《やつおまち》）の「おわら風の盆」とか、四国徳島の「阿波《あわ》踊り」などが知られるが、この踊りのときの姿に注目してほしい。「風の盆」では婦人が編み笠をかぶり、阿波踊りでは手拭でほっかぶりしている。顔を隠すのは、個人性を消す意味を持つ。当人ではない何者か、もしくは祖先の霊がとりついている状態を指す。

こうした行為は、武士は厳禁である。先述したように江戸の天下祭も、武家は公式には見物さえ禁止されており、ましてや参加などは許されない。

阿波踊りも藩主の蜂須賀《はちすか》家は家臣の参加を禁じた。ところが、天保《てんぽう》十二年（一八四一）、お忍びで見に行った家臣がいた。藩主の実子で、千石取りの上級藩士の蜂須賀一角である。しかも見物どころか、踊っているところを見られ、「乱心者」と座敷牢に押し込められた（のちに改易、追放）。他にも見物する武士がいて見せしめにされたのだろう。まさに「踊る阿呆《あほう》に、見る阿呆」である。

考えてみると、阿波踊りを蜂須賀家は深刻な目で見ていたのかもしれない。男の踊り手は手拭を「泥棒かぶり」して、妙に腰を沈めた怪しげな足取りで踊る。藩祖であり、夜盗の出自といわれる蜂須賀小六《ころく》への当てこすりと言えなくもない。

真夏を過ぎると「二百十日」が訪れる。二百十日とは立春から数えて二百十日目のことで、現行暦の九月一日頃にあたる。台風の襲来時期で、農村漁村の厄日《やくび》だった。この日が暦に加えられたのは、五代将軍綱吉《つなよし》の治世に発行された「貞享暦《じょうきょうれき》」からといわれる。

幕府の暦《こよみ》編纂係の保井《やすい》（渋川）春海《しゅんかい》は釣り好きで、いつものように品川の海に乗り出そうとした。ところが、「今日は二百十日だから午後から大荒れになる。釣りに出るのはよしたがよい」と老漁師から忠告を受けた。事実、言われた通りだったので、貞享暦に二百十日を追加掲載したという。

このようにまことしやかに書かれているが、その三十年前の明暦《めいれき》二年（一六五六）の「伊勢暦」から二百十日は記載されていた。

その名の通り、伊勢暦は伊勢神宮が発行したものだが、伊勢に隣り合って木曽川、長良《ながら》川、揖斐《いび》川の三川が乱流・分流する濃尾平野は、台風による洪水に悩まされていた。

台風が来れば、家ごと洪水に流された人々は、「屋根に登り、対岸で見ている人々に別れの手を振った」とあり、「見物人は合掌して念仏を唱えた」と諸記録にある。屋根の上で手を振ったのは、「助けてくれー！」と叫んでいたのかもしれない。それを合掌とは……目撃者の勝手な解釈と記述に疑問を持っている。

ともかく、台風と洪水には悩まされた。

宝暦《ほうりやく》三年（一七五三）、幕府は薩摩《さつま》（鹿児島県）島津家七十二万八千石に木曽三川を完全に三つに分流させる堤防工事を命じた。いわゆる幕命による「お手伝い普請《ぶしん》」であり、後世「宝暦治水」と呼ばれる大工事である。

このとき幕府は工事費を十万両と試算した。お手伝い普請は石高一万石に千両強が基準なので、七十二万八千石の薩摩藩には妥当な数字と計算して、対価として参勤交代免除と一万両を与えた。そして、「役人は少なくし、現地の事情に明るい人足を雇うように」と命じた。

ところが、薩摩藩は財政状態が悪化しており、工事費を捻出《ねんしゅつ》するために大坂の豪商から借金をして、さらに節約すべく藩内から九百四十七人もの農民を現地に派遣した。宝暦三年（一七五三）から工事をはじめて、まる一年もかかる難工事となった。

領内に大河川もなく、風土も異なり、経験の浅い薩摩藩の工事は次々と困難に直面し、派遣された藩士は過労や病気で次々と倒れ、病死三十三人、難工事への憤慨《ふんがい》で割腹自殺五十二人の犠牲者を出した。

予算は四倍も超過して四十万両、今の価格で八十億円となり、人的損失をも含めて、現地の総奉行を務めた家老の平田《ひらた》靭負《ゆきえ》は、責任を取って切腹した。

ほとんど注目されていないが、この工事で切腹したうち二人は、幕府の旗本である。検分に訪れて薩摩藩の工事方法が幕命と違うので、もめたと見られる。すべては現地の川を知り尽くした地元の人足を雇わなかったのが原因である。

この事件を薩摩藩は国辱《こくじょく》として明治維新まで公表しなかった。お手伝い普請は軍役《ぐんえき》であり、工事失敗は軍事行動の敗北を意味した。

現在、平田は「治水義士」とたたえられ、治水神社（岐阜県海津市）に神として祀られているが、社《やしろ》は昭和十三年（一九三八）に造営されたものである。

古代から明治以前までの大土木工事は百十八件あるが、そのうち八十八件は江戸幕府によって行なわれた。

十一月の酉の市、師走の煤払い

江戸の歳時記に組み込まれた「酉《とり》の市」は、「お酉様」の名で知られ、毎年十一月の酉の日、神社の境内《けいだい》に市が立つ。もともとは武蔵《むさし》（埼玉県）の「鷲宮《わしのみや》神社」（埼玉県久喜市鷲宮）の市で、起源は家康の江戸入り以前にさかのぼる。

中世には草深い田舎《いなか》の関東では、常設の市場などなかった。定期的に特定の広場や神社の境内で、神に祈りを捧げ交易をしたが、そういう神聖な場所を「いつき（斎）ば（場）」と呼び、いつしか「いちば（市場）」に転じた。

この市が武蔵では鷲宮神社の境内で、酉の日に行なわれ、近郷近在のあらゆる職業の者が集まり、農機具や熊手を売買した。徳川家康の江戸入りで、江戸郊外の「大鷲《おおとり》神社」（東京都足立区）でも酉の市が開かれるようになり、いつの間にか酉の日は祭礼の縁日のように誤解されたのである。

酉の市は、商品を公正な値で平和に取引する「和市《わし》」の古い形態を今に伝えている。それ以外の場所では武家の「押し売り」「押し買い」があり、和市のみが平和で公正な売買の場だった。それで売買が成立すると売り手と買い手が合意したことを三本締めで市神様へ伝えた。これが「お酉様」と熊手の由来である。

さて、「煤払《すすはら》い」といえば年末の大掃除だ。江戸城でも十二月の十三日の行事とされた。この日、江戸の町でも一斉に煤払いが行なわれた。

そもそも煤払いは、年神祀《まつ》りのための物忌《ものい》み（神事のために心身を清めること）に入る日で、「煤取り節供」「煤の年取り」「十三日節供」ともいう。「節供」とあるから、ただ家の内外を掃除する日ではない。大掃除だが、儀式でもある。

煤払いの日は、武家屋敷や大店では、主婦（おかみ）も女中も平素は使わない派手な染め色模様の鉢巻きを頭に巻き、襷《たすき》掛けをした。鉢巻きと襷は、働くときの正装である。

煤払いが終わると、式膳（正式な食事）が出て、晴《はれ》の日の食事をし、その後、宴会となった。煤払いの指揮をとった女性を胴上げする慣習があり、武者震いと同じで勇ましいふるまいとして、大掃除後の空間、つまり清浄な場に侵入する悪しきものを振り払う意味があった。

「歳時記」に載る武士の内職

江戸の名物となり、今では歳時記のようになっている御家人の内職がある。

毎年七月六日から三日間、東京都台東区入谷《いりや》の鬼子母神《きしもじん》で開かれる「朝顔市」だ。

朝顔の市が立つようになったのは、新種の朝顔が作られたからである。付近の下谷御徒町《したやおかちまち》の大番与力・谷七左衛門なる者が、草花の種作りを覚え、文化五年（一八〇八）頃、朝顔の変種を作って大評判となった。その一～二年後には配下の組屋敷同心たち二十人が朝顔の変わり種作りを競い、組屋敷は朝顔の季節になると、「朝顔屋敷」と呼ばれて見物人で賑《にぎ》わった。現在のＪＲ山手線御徒町駅東側の御徒町公園付近で、広さは五千七百八十坪あった。これが発展し、町人が介在して入谷鬼子母神での朝顔市となって今日に伝わる。

ちなみに、大番与力とは幕府の戦闘部隊の小隊長にあたる。普段の任務は武家屋敷地区をパトロールすることである。

植木屋を内職としたのが、大久保百人町の伊賀百人組の組屋敷。十五万二千五百坪の広大な敷地に、鉄砲を持つはずの御家人百人が「ツツジ」を栽培した。それも四メートルのツツジの大木まで林立し、現在のJR中央線の新宿駅から大久保駅にかけての一帯（東京都新宿区百人町一〜三丁目付近）が、ツツジで埋まった。

見頃になると見物人で溢《あふ》れたというから、観光産業も兼ねていたことになる。御家人も腰が低かったのだろうか、「うえき、うえきー」と売り歩く商人に快くツツジを卸《おろ》したため、百人町のツツジは江戸市中でよく売れた。御家人ブランド、あるいは伊賀組ブランドのツツジを江戸っ子は愛《め》でたのである。

早稲田大学に近い新宿区弁天町付近は根来《ねごろ》百人組、大久保百人町と同じ鉄砲組の組屋敷だったが、ここの同心の内職は「提灯《ちょうちん》作り」である。鉄砲と提灯がどんな関係にあるのかは不明だが、元禄《げんろく》時代から浅草寺本堂右の大提灯を五十年ごとに奉納しているので、それなりに伝統ある内職であり、儲けも多かったのだろう。

伊賀や根来と同じ鉄砲組でも甲賀《こうか》百人組は、現在の神宮球場、神宮外苑総合グラウンドあたりに広大な組屋敷を持っていたが、ここでは「春慶塗《しゅんけいぬり》」の内職にいそしんだ。春慶塗は、黄や朱漆《しゅうるし》の上に透明の漆を十数回塗り重ねても、なお柾目《まさめ》（平行な木目）が見えるので、江戸っ子のお気に入りだった。御家人たちは、ロクロで木地を誂《あつら》え、漆を塗って大いに生計の足しにした。ここまで徹底すると、もはや侍だか職人だかわからない。

もう一つ、青山の御家人が盛んにやったのは「傘作り」。それも本格的な分業体制で、骨を作る下工師、紙を貼る張師、さらに仲買人の御家人までいた。完成品を傘屋に納めるとき、傘屋の町人はどんな顔で応対したのだろうか。

代々木《よよぎ》・千駄ヶ谷《せんだがや》の御家人の屋敷地は、鈴虫やコオロギなど「季節の虫」の卸元になった。こちらの販売は、さすがに商人にまかせたようだ。

下谷の御家人は「金魚」を育てて市中の金魚売りの仕入れ先となり、巣鴨では「羽根作り」、四谷鮫ヶ橋《よつやさめがばし》の御家人は「絵馬作り」に精を出した。山の手一帯では「凧張り」の他、「小鳥」を飼育するだけでなく、その鳥籠まで作った。

鉄砲組の同心は三日に一日休みがあるので、二日を同心の正業、一日を内職と、どちらが本業かわからないほど熱中した。

こうしてみると、江戸の山の手の武家屋敷は、家内制手工業の産業地帯に見えてくる。哀れを極める内職は、青山薬研坂《やげんざか》の御家人和田庄五郎の「土売り」である。御家人の拝領屋敷は百数十坪あったので、自宅の土を売るとは、急場しのぎの思いつきとして妙案だ。土は下町の大名屋敷や大商店の別宅の庭土として大きな需要があった。和田邸の土も飛ぶように売れたと見えて、自宅の土を売り尽くし、隣家の御家人の邸の土を掘って売った。

もちろん、地面の上から掘れば断られるので、コッソリ地下から掘る。地下道よろしく横穴を掘り続けたが、ある日、作業中に落盤し、和田は圧死した。文化十二年（一八一五）のことと、大田南畝《おおたなんぽ》の随筆『半日閑話』にある。

この大田南畝。歴史の教科書にも出てくる有名人だが、牛込中御徒町《うしごめなかおかちまち》（新宿区市谷加賀町）に生まれた御家人で、本名を直次郎《なおじろう》と言った。

「貧すれば鈍する世をいかにせん、食ふや食はずの吾が口過ぎ、君聞かずや地獄の沙汰も金次第、枠《かせ》（稼）ぐに追ひつく貧乏多し」

明和《めいわ》四年（一七六七）に自らの生活をこのように詠《うた》っている。昌平黌では首席、御家人の身分でも出世して裕福なため、狂歌や戯作《げさく》をたしなみ、江戸の文学界で活躍した。

また、浮世絵師で著名な安藤広重《あんどうひろしげ》も火消《ひけし》同心の子として生まれたが、内職で絵を描いた。のちに公務の旅を利用して『東海道五十三次』など数々の浮世絵を残すことになる。

第六章

歪められた歴史

関東平野に残る江戸の暗部

関東平野の開拓者は誰なのか?

徳川家康が入国した頃の関東地方は、茫々《ぼうぼう》たる荒蕪地《こうぶち》だった。何しろ、利根川《とねがわ》、荒川《あらかわ》、鬼怒川《きぬがわ》といった大河が乱流して、すぐに田畑は洪水にやられてしまう。この土地を開拓するために、まず利根川を今日のように銚子《ちょうし》(千葉県)へ流れるように計画して、関東郡代である伊奈《いな》半十郎(忠治《ただはる》)の指揮下、大規模な土木工事が北関東を中心に行なわれた。

これだけの土木工事には関東地方に住んでいる者たちだけでは足りない。足りないからこそ、家康が江戸に入るまで関東地方の土地は荒れていた。河川の土木工事と新田作りをする大量の人間が新たに関東に流入したとしか思えない。

それを伝える記録が少ないのも不思議議である。それもそのはず、記録を隠す必要があった。工事にかかわった人びとは、なんとキリシタンだったのである。何しろ、のちに「切《きり》支《し》丹宗門《たんしゅうもん》の禁止」は幕府にとって、第一の御禁制事項となった。キリシタンのかかわりは深く秘されたに違いない。

もとより重い罪になるため、転宗したとしても公式な家系図や系譜には「元切支丹」とは記されない。たとえば、転宗したキリシタン大名といえば、名門の京極《きょうごく》家、福岡の黒田家、岡山の池田家、青森の津軽《つがる》家をはじめ数多くおり、旗本にも京都西町奉行の能勢頼宗、また家康六男の忠輝《ただてる》・同孫の千姫はキリシタンだったという説もある。

徳川初期の大事業の記録が曖昧《あいまい》になるのは、どれも御禁制の冒頭に掲げられたキリシタンにまつわることを避けたからに相違ない。

関ヶ原合戦後は、家康の招きでフランシスコ会やドミニコ会といった修道会が来日して、主に関東で布教していた。

江戸の浅草にも教会があり、JR東京駅八重洲口の発掘では、当時入り江だった付近で十字架（ロザリオ）やメダルをつけた男性の人骨が発掘されている。神奈川県南東部三浦半島の浦賀《うらが》にもフランシスコ会の教会堂があり、近郊の伊豆《いず》にはマリア観音《かんのん》（キリストの母・マリアの像に見立てた観音像）などが残されている。家康がキリシタン禁制の触れを出したのは、慶長《けいちょう》十七年（一六一二）で、大坂冬の陣の二年前にあたる。

キリシタン禁制を受けて、ときの京都所司代・板倉勝重《いたくらかつしげ》が伏見《ふしみ》の浄土宗僧の牛尊《ごそん》と相談して、キリシタンに対する寛大な処分を画策したことが、わずかに増上寺史料に残っている。牛尊はのちの知恩院門跡《ちおんいんもんぜき》で江戸の霊岸島《れいがんじま》（東京都中央区）に霊巌寺《れいがんじ》を創建した霊巌を弟子にしたが、歴史的にはあまり知られている存在ではない。

板倉勝重と牛尊の二人は、キリシタンの人数を減らして追放にとどめた。西国からの追放ですませてしまったものの、追放されたキリシタンたちは、どこへ行ったのだろうか。

北関東に潜ったキリシタン

群馬県太田市に「備前島町《びぜんじまちよう》」という町がある。利根川水系の乱流地帯で、江戸時代の初期、キリシタンを河川整備と開墾のために呼び寄せたという。彼らに声をかけたのは、関東郡代の伊奈備前守忠次《ただつぐ》。先述した忠治の父であり、キリシタンの理解者だった。

一説には、この周辺一帯に限らず、北関東の利根川の乱流地帯の開墾には、多くのキリシタンが参加したといわれる。「備前堀」と呼ばれる用水を関東各地で目にするが、これは一般的に伊奈備前守の掘削技術に敬意を表して名づけられたと解釈されている。

伊奈家とキリシタンの関係はわかったが、「備前」という名称だけを見るなら、たとえば備前岡山城主だった宇喜多秀家《うきたひでいえ》の家臣が関係した地名だった可能性はないのだろうか。当時の宇喜多家にはキリシタンがたくさんいた。秀家に仕え、のちに大坂の陣で活躍した明《あか》石全登《しけのり》は有名である。

代々の譜代大名が赴任した古河《こが》領（茨城県古河市）にいたっては、「官許キリシタン（藩が許可したキリシタン信者）」が江戸時代の後期まで存在した記録が残っている。古河領内には「オリゴリ」という祝日があった。ラテン語で「先祖」のことだが、今では語源も忘れられ、訛《なま》って「オリグリ」などと称されている。

実は、戦国末期から江戸時代初期のキリシタンにまつわる地名が、今日まで北関東には多く分布している。なかでも西は太田市、東は館林《たてばやし》市、北は栃木県足利市に接する、群馬県東南部の邑楽《おうら》郡には、「バテレン山」と「ばてれん橋」がある。「バテレン」は「司祭」を意味する「パードレ」の日本語的発音である。今はバテレン山の名は残っていないが、「ばてれん橋」は昭和四十八年（一九七三）に改修工事が行なわれており、橋の名は今日も残されている。

邑楽郡と接する旧館林藩領内には、「柳生《やぎゅう》」「越中沼」「恵下野《えげの》（大阪府堺市）」「篠山《ささやま》（兵庫県丹波市）」など西国にまつわる地名が多い。幕府初期の館林領主は、一族にキリシタン武士がいた榊原康政《さかきばらやすまさ》である。

むろん、地元の人たちでさえも先祖が元キリシタンだったことは忘れているが、十二月二十四日には、屋敷神の「オナダラ様」を祀《まつ》る人たちがいる。オナダラとはキリストの生誕を祝う言葉（ラテン語：フェリチェム・ナタレム・クリスティ➡和訳：めでたいキリストの誕生日）で、オナダラ様の祭りはキリストの生誕を祝う日、すなわちクリスマスである。

　幕末に来日したシュリーマンが、アメリカ公使館のポートマンから聞いた話が残っているので、意訳してみよう。

「江戸にも元クリスチャンがたくさんいて、その子孫は今では仏教徒になっている。先祖がクリスチャンだったことも忘れられているが、それでも一カ所に集められて生活している」（H・シュリーマン『シュリーマン旅行記　清国・日本』）

　この話からすると、江戸の町中で元キリシタンは集住させられていたことになる。先祖が元キリシタンゆえに被差別民にされた例は全国規模で散見される。

　キリシタンが開拓したといわれる茨城県東茨城郡茨城町には「野曽《のそ》」という地がある。キリスト教を意味する「ヤソ」とあてて読むことはたやすいだろう。

　北関東には、聖母マリアを意味する「丸谷《まるや》」「丸屋」、キリスト教の神「デウス」を意味する「出牛《でうし》」という地名もあった。このような地名は、前述の榊原康政をはじめとする徳川四天王（下総《しもうさ》の酒井《さかい》忠次《ただつぐ》〈領地を受け取ったのは嫡男の家次《いえつぐ》〉、上総《かずさ》の本多《ほんだ》忠勝《ただかつ》、上野《こうずけ》の井伊《いい》直政《なおまさ》）の領地に多い。江戸を守るために関東周辺に配置された譜代大名領もしかりである。

屋号のようなマークもあった。田の字を丸で囲み、その上に屋号の「〈」をつける。上の「〈」部分を「ヤ」と読み、ひそかにサン（田の字内に「三」）＋タ（田）＋マリ（〇）＋ヤ（〈）、「サンタマリヤ（聖母マリアの意）」と読ませた。以上は、川島恂二先生の労作『関東平野の隠れキリシタン』による。

「長良」と書いて「なだら」と読む地もあるが、「ナダラ」は前出と同様、ラテン語でクリスマスを指す。余談だが、クリスマスを祝った最初の日本人は、戦国大名の高山《たかやま》右近《うこん》といわれ、敵味方に分かれたキリシタンが、堺《さかい》で「クリスマス休戦」を行なっている。

豊臣・徳川時代の初期、日本の人口が一千二百万から一千四百万といわれるなかで、「キリシタンは三百万人いた」と明治末に哲学者の姉崎正治は推計している。当時の日本人の四人に一人。一方でキリシタンによる開拓の足跡は、なかなか明確には見えてこない。

誤解だらけの藩領と藩収入

江戸時代、各大名の領国を「藩」とは呼ばなかった。侍同士の会話なら「貴家の御家中が、われら土《と》佐守《さのかみ》様領分に入り」などと言い、藩領はあくまで各大名家の「家の領分・領地」だった。

もっとも新井白石《あらいはくせき》の著した家伝・系譜集の『藩翰譜《はんかんふ》』には、漢文知識を誇る言い方で、藩という言葉が登場している。漢字の藩の意は、王室を守る垣根の総称に由来する。荻生徂徠《おぎゅうそらい》も大名屋敷を称して「藩邸」と表現しているので、一部学者の間では教養を表わす語彙として知られていたのかもしれない。ただし、公式文書では、いわゆる「姫路藩領」は「姫路酒井家領」である。

大名の領国を藩と呼ぶのは明治維新後で、旧幕府領に府と県を置いたのに対して、旧大名領を藩と公称した。江戸時代の「家中」や「領」「領分」が「藩」の一語に変わったのである。

これ一つを見ても、今日の時代劇や時代小説が、いかに明治政府の歴史観に染まっているかがわかる。「赤穂浅野藩の汚名を意地でも」とか「仮にも五万石の藩主」などのセリフで溢れているのだ。

「五万石の藩領」といえば、大名の収入「石高」についても誤解されている。たとえば、岡山池田家五十一万石の場合でみる。これは池田家の収入が五十一万石という意味ではない。

池田家五十一万石は、領内での米の収穫量が五十一万石あることを示している。したがって、池田家はここから出来高の六割を年貢として徴収する。これを「六公四民」という。

したがって、岡山池田侯の収入（実高）は、三十万石強となる。

岡山池田家の実収三十万石のうち六割は、家臣の知行（給料）で消えるので、池田家に残るのは十二万石程度である。さらに隔年で行なわれる参勤交代の費用は、実収入の半分を占めたから、岡山池田家の場合は十五万石となる。この時点で、すでに三万石の赤字である。この他に池田家の家族の生活費や領内の治水整備の費用も必要になる。

池田侯は参勤交代のおり、江戸での生活を節約するしかない。それでも、領国内の土木や治水に要する資金は不足する。結局、赤字が積もり積もって豪商からの借金だらけになる。これはどの大名家でも同じだった。

むろん、殿様が苦しければ、家臣も同様だ。家老の七人は万石以上で、この七人の知行高合計は十三万八千石で池田家家臣の総知行高の八割を占めた。残りを四百八十六人の家臣団で分けるので、およそ百石程度となる。ところが、実際には千石以上の家臣が四十人近くもいたので、平均はさらに少なくなる。岡山池田家の場合、初期は百石取りの家臣でも、実収は四十石を割り込んだ。

以上は、どこの大名家でも似たようなものである。日本最大の大名家だった加賀前田家の百万石も「六公四民」なら、六十万石になる。

新時代到来で地方と中央に格差

江戸幕府の支配下における大名は「鉢植大名《はちうえだいみょう》」と嘲笑《ちょうしょう》されることがある。幕命であちこち移動させられるし、場合によっては改易《かいえき》で根こそぎ抜かれるからである。

しかし、このシステムによって全国の人の流れが盛んになったのは事実で、たとえ幕府からの国目付《くにめつけ》（監察役）であれ、浪人の流入であれ、それは人と文化の移動をうながした。

肥前《ひぜん》（佐賀県）三十五万七千石の鍋島《なべしま》家の家臣は、江戸初期には当時の都風《みやこふう》、つまり、江戸の風習をほとんど知らなかった。幕府からの国目付が領内巡見にやって来たとき、接待御用を務めた武士も当然のこと、江戸の風俗に通じていない。幕府国目付が持参の弁当を取り出したとき、接待役の武士はハタと困惑した。

弁当を使うのはわかる。鍋島家の武士たちも弁当持参であるし、昼時である。ただし、その場に国目付が置いた毛氈《もうせん》（獣毛を加工して織物状にした布で敷物に用いる）を、どのように使うのかがわからない。困惑した鍋島家の接待御用の武士は、いろいろ考えた末に毛氈を膝《ひざ》にかけて弁当を食べはじめた。敷物を膝にかけたのだから、国目付も目を丸くしたに違いない。

それほど、江戸と地方には落差があったわけである。

弘前藩《ひろさき》（青森県）四万七千石の津軽家は、南部氏《なんぶ》の一家臣から急速に肥大し、ついに主家南部から独立して大名となった。そのために家臣団を増強すべく、関ヶ原の戦いや大坂の陣後に浪人を多く召し抱えた。その縁故を頼って西国から移住した人も多い。

栗村対玄なる人物は、近江《おうみ》（滋賀県）出身の武士で、十六歳で浪人し、寛永《かんえい》年間（一六二四〜四四）の頃、弘前に下ってきた。その嫡子が百石で召し抱えられて、近郊の水田開発を命じられた。このとき、栗村の嫡子は水車を作って米をついた。揚水《ようすい》用の水車は近畿地方では室町《むろまち》時代から使われていたが、津軽で水車が作られたのは、この栗村親子のものが最初である。

水車の伝播《でんぱ》は織田・豊臣が支配していた近畿地方から百年近くも遅れていたことになる。鉄砲の伝播に比べても遅く、これは民生品の開発には熱心ではない武家社会の特徴である。四代藩主の津軽信政《のぶまさ》は民生技術の遅れを憂慮して、文武の達人や職人を積極的に招き、二百家を超える人々が津軽に移住した。

西国や江戸と諸城下の落差があれば、城下と農村部の落差も大きい。寛文《かんぶん》元年（一六六一）、南信濃《しなの》（長野県）の山間小村落での殺人事件の記録がある。天竜川沿いの小村落の老女が容疑者として、飯田の城下に勾引《こういん》された。二十日余り取り調べを受けた結果、老女は無実と判明して釈放された。村に帰った老女は、その入牢《じゅろう》中の出来事をいつまでも語りぐさにした。その内容は、どれほどつらく苦しい思いをしたか……と思ったら正反対。拘留《こうりゅう》中の衣・食・住は、老女にとって生涯忘れられない贅沢《ぜいたく》と感じられたのである。それだけではない。老女は自分が連れて行かれたのが江戸だと思い込んでいた。「花のお江戸」の名声は、山村の老女にまで聞こえていたので、老女は思い違いをしたのだ。

江戸と城下町飯田の暮らしに差があれば、その飯田城下と山村の暮らしにも、それほど落差があった。江戸と山村の暮らしの落差を考えると、ほとんど天と地ほどの差になっただろう。

大名の「鉢植」で思いもかけないことも起きた。

近年まで九州の宮崎県延岡《のべおか》市の武家屋敷地区には東北弁の痕跡《こんせき》があった。この地は延《えん》享《きょう》四年（一七四七）、内藤氏が奥州磐城《いわき》平《たいら》から七万石で移封してきた。家臣団は東北弁を使っていたので、その影響で九州の延岡に東日本の言葉が残ったという。

それ以前の延岡は、有馬《ありま》氏が延岡五万石を預かっていたが、元禄《げんろく》八年（一六九五）に越前丸岡五万石に転じた。以来、維新まで同地を治めた。そのため江戸後期になっても、北陸の丸岡城下では「日向訛《ひゅうが》りとて言語日向に同じ」と、日向佐渡原《さどはら》出身の修験者《しゅげんじゃ》の野田泉《のだせん》光院成亮《こういんしげすけ》が『日本九峰修行日記』に書いている。

もともと諸家（藩）は方言を維持し、たとえば、幕府の干渉から逃れるべく、隠密《おんみつ》などよそ者の発見に利用した。

奥羽《おうう》最大の仙台領でも、前出の修験者の記録では、「仙台領では他の国に通じないことが三つあり。一里を六丁とすること。音声が鼻にかかり一切言葉分からず……」とある。今や仙台弁は標準語とほぼ区別はつかないが、微妙なアクセントの違いは残っている。

諸大名領の方言は、将軍の代替わりに諸国を廻り、地方政治を監察した巡検使にとり、大きな壁となった。巡検使の一行に複数回同行した地理学者の古川古松《ふるかわこしょう》軒《けん》によると、このように話す。

「（会津）若松土着の人たちの言葉は理解しがたく、彼らもこっちの言ってることがさっぱりわからないと言う」

福島県会津若松以北は、ほとんど言葉が通じなくなったと嘆く。会津若松から西になると、「半分ぐらいしか言葉が理解できないため宿でも大笑いすることばかり起こった」。それが北の米沢《よねざわ》近辺になると「言葉が通じないせいか、何を言っても返事がない」となり、花《はな》立《だて》（秋田県大仙市）付近になると、もはや「言葉がよくわからないまま答えているのを、みんなおもしろがっていた」と爆笑状態になった。能代《のしろ》（秋田県）に入ると、「この辺りの言語は、外部の者から見て大変優れているように思う」と鋭い聞き分けを記す。記録者の古川古松軒は備中（岡山県）人だから西国と東国方言に通じている。能代の言葉がわかりやすかったのは、佐竹氏の城下で、もともと佐竹氏は常陸《ひたち》（茨城県）から家康の命で移封されたせいかもしれない。

巡検使に同行した古川古松軒の記録は『東遊雑記』として東洋文庫に収録されているが、江戸時代は発禁書だった。松平《まつだいら》定信《さだのぶ》の時代で、奥羽諸大名への政治批判に通じるからとされる。海外貿易まで考えていた田沼意次《たぬまおきつぐ》を倒して「寛政の改革」をぶち上げた松平定信だが、ただの保守派老中にすぎなかった。

関東に名博徒が多い理由

天和《てんな》元年（一六八一）、五代将軍綱吉《つなよし》擁立の功により、堀田《ほった》正俊《まさとし》は下総古河《こが》（茨城県）九万石の城主になった。その後も加増されて古河堀田家は十三万石になる。その堀田正俊が初めて領国入りしたときのことである。

江戸城での勤めが長かった堀田正俊は、下総古河までの十六里（約六十四キロメートル）の道中に広がる関八州の風景に興味を持った。ここは足利《あしかが》源氏や新田《にった》源氏の故郷でもある。駕籠《かご》に揺られながら堀田は、その気風について家臣に尋ねた。すると、付き添いの家臣が自慢げに答えた。

「関八州のなかでも上野（群馬県）、下野《しもつけ》（栃木県）ほど風儀のよいところはありませぬ」

堀田正俊は「さようか」と気持ちよく返事をすると、家臣が言葉を継いだ。

「風儀がよい理由は新田、足利から引き続いた村々、大舘《おおだち》・里見・栗生《くりゅう》・篠塚・江田《えだ》・徳川・世良田《せらだ》にあります」

世良田は徳川家発祥の地で、三代家光《いえみつ》が日光東照宮を普請する前の初代東照宮（東照社）が移してある。さらに駕籠の横で足を運びながら家臣は説明した。

「こうした村々には、武田家が滅びてから甲州崩《くず》れの浪人や、滅びた武州忍《おし》の成田《なりた》家の家来どもが土着して郷士となっております。のみならず、新田や足利の一族が野に下って百姓をしております」

成田家は鎌倉時代からの名門である。なおも随行の家臣は続ける。

「そういう伝統の風土ですから、百姓、町人でも他国より武芸の嗜《たしな》みがあります。隣へ行くのにも脇差《わきざし》を差して行きます。百姓するにも藤柄《ふじつか》の大脇差を差して、鍬《くわ》や鎌を担いで出かけます」

五代将軍の時代になっても、北関東では戦国時代の農民と変わりない暮らし方をしていた。豊臣秀吉の「刀狩り」は有名だが、徳川家康は大坂の陣後、「元和偃武《げんなえんぶ》（偃武は自主的に武器と盾《たて》を伏せる意味）」を発したのみである。「武家以外は帯刀をやめろ」と言われただけなので、この一帯では農民が脇差姿で野良《のら》仕事をしていた。

さらに家臣が続けて言う。

「普段の遊びにしても、軟弱なことはいたしませぬ。鞠《まり》の会とか、的《まと》の出会い（弓）とか、武芸の共吟味《ともぎんみ》とかいうふうで、士の出会いと違っておりませぬ」

つまり、根っからの武闘派の農民ばかりだというのだ。それを「風儀がよい」と自慢して、あげく鼻高々にこう続けた。

「そういう風儀ですから、武芸に名高い者もおります。田地を二千〜三千石持っている者もおりますが、三百〜四百石ぐらい所有している者が多いようです。そういう者どもの身分を質《ただ》してみると、たしかな系図を持っているのみならず、（新田）義貞《よしさだ》や（足利）尊氏《たかうじ》の御墨付《おすみつ》きや（武田）信玄公の感状、また重代の武具といったものを持ち伝える者もおります。佐野、足利、桐生《きりゅう》も同様で、一同皆、昔を忘れていません。実に風儀のよい土地柄です」

このように堀田正俊は地元家臣の説明を記録に残しているが、どのような気持ちであったろうか。

この地域は、江戸も末期になると、長脇差を腰に差す名高い博徒《ばくと》を多数輩出する。関八州の持つ「よい」風儀こそが、名博徒が跋扈《ばっこ》する背景にあった。

地元では評判のいい博徒

そうした博徒の代表格が、国定村《くにさだむら》の忠治《ちゅうじ》こと長岡忠次郎である。旗本の領主が村の農用水の整備を何もしないため、忠治は男気《おとこぎ》を出し、博打《ばくち》の金で灌漑《かんがい》整備をした。男伊達《だて》であり、戦国の武家精神の復活である。

むろん、上州博徒の国定忠治のみならず、講談『天保水滸伝《てんぽうすいこでん》』（幕末の講釈師で初代宝井《たからい》琴凌《きんりょう》が利根川下流域を舞台にして人気を博した）で知られる笹川繁蔵《ささがわしげぞう》一家も、強盗に強請《ゆすり》、縄張り争いの殺人を厭《いと》わない悪党連中である。ただし、地元では悪事をやらないため、地元の評判はすこぶるよく、俠客《きょうきゃく》や義賊のような扱いを受けている。

彼らは幕領と大名領が複雑に入り組んで警察権を発揮しにくい弱点を利用して、わざわざ異なる領主の地を渡り歩いて犯行を重ねた。そこで幕府は領地を横断して追捕《ついぶ》できる関《かん》八州 取締 出役《はっしゅうとりしまりでやく》という警察機構をつくった。

国定忠治をはじめとする博徒たちには、二つの共通事項があった。

一つは、親分になる者は庄屋や有力者の息子で、いずれも寺子屋《てらこや》程度には行き、知恵をつけて、報《むく》われることのない地道な農業が馬鹿らしくなったという点である。幕府側も彼らの賢さを認め、「もともと能力が高いので、よく説諭すれば正道に立ち返るはず」と高をくくっていたが、そうは問屋が卸《おろ》さなかった。事実、博徒の親分たちは地元の有力者になり、裏から悪党たちを操っていた。

もう一つの共通項は、地元で暴力を振るうことは厳禁であり、むしろ善行を施したということだ。

前述したように、泥棒、強盗、暴力沙汰《ざた》は余所《よそ》でした。とくに地元を味方に取り込むことで、関八州取締出役の捜査が及んでも、いち早い地元民からの通報で逃げ出すことができた。しかも、武張《ぶば》ったことが大好きな「よい」風儀の土地である。講談や浪曲に登場する下総国香取《かとり》郡（千葉県）の勢力富五郎《せいりきとみごろう》は、利根川筋の笹川河岸から根城にしている東 庄《とうのしょう》町《まち》（香取郡）まで、道筋の百姓家一軒一軒に槍一筋を配って、いざというときは百姓連中を味方にしようとしていた。

勢力富五郎の最期は凄《すさ》まじい。関八州取締出役の手先千余人と周辺の村から動員した人足千五百人、総勢二千五百人が勢力を追い詰めた。金毘羅山《こんぴらさん》（東庄町）に子分一人と立て籠《こも》った勢力は、包囲勢から鉄砲数百挺で狙い撃ちされ、自刃《じじん》している。

このとき、関八州取締出役が動員した鉄砲数百挺とは、十万石の大名に相当する武力であった。

武士より強かった博徒

尾張徳川家は柳生《やぎゅう》流の剣術師範を有したが、その実力は果たしてどれほどか。

幕末の尾張藩主の徳川慶勝《とくがわよしかつ》は「王政復古の大号令」の発令後、兄弟三人（十五代将軍慶喜《よしのぶ》、京都守護職の松平容保《まつだいらかたもり》、京都所司代の松平定敬《さだあき》）が朝敵にされた戊辰《ぼしん》戦争で、「実戦部隊」の編成を朝廷に命じられた。大坂の陣よりこのかた、家中の侍は実戦経験皆無、敵は旧幕府軍でもあり、みなが厭戦《えんせん》気分に満ちていた。そのとき、大目付の渡辺鉞次郎《わたなべえつじろう》が、博徒を実戦部隊に投入する提案をした。

「平素たびたび私の怨《うら》みで闘争を事とし、役人の手数を煩《わずら》わしているが、幾度か白刃《しらは》の下を潜ってきた経験があり、肝《きも》も据《す》わっているし、腕も冴《さ》えている。そのうえ一声かければ、命を賭《と》して親分の手足となって働く多数の子分を持っている。実にあつらえ向きである」

博徒の親分である近藤実左衛門が、藩庁に呼び出された。親分としては先頃、派手な出入りもしたし、どんなお咎めがあるのかとビクビクものだった。名古屋城内の広間に畏《かしこ》まっていると、襖《ふすま》が開いて渡辺鉞次郎が温顔をもって開口一番、「天狗党《てんぐとう》騒動のときは探索ご苦労であった」とねぎらいの言葉をかけた。すでに藩は騒動のときに探索隊として博徒を利用しており、近藤も手伝いに出ていたのである。

渡辺鉞次郎が本題の博徒隊の結成を近藤実左衛門に相談した。大目付が語る条件は、「前科黙認、姓名帯刀勝手たるべし」と博徒の肝を押さえることを言った。「前科黙認」だけで涎《よだれ》が出そうなのに「姓名帯刀勝手」は侍に登用する約束で、近藤は舞い上がった。

小躍りしながら帰宅した近藤親分は、子分たちと酒樽《さかだる》を開けて祝った。侍と博徒二足の草鞋《わらじ》である。

「本朝初の二足の草鞋。ケチな御用聞きじゃない、お侍だよ。おのおの方いざ尋常《じんじょう》に勝負！丁か半か！」

このような感じで大いに盛り上がったに違いない。近藤親分は三河博徒の平井亀吉の「雲風一家」も誘った。

かくて博徒による「集義隊」が結成されて、雲風一家が集義一番隊、近藤一家は集義二番隊となり、彼ら二部隊の他に城下の商家の息子や領内農民の腕っぷしの強い男を集めた一隊を加え、「草莽隊」が誕生した。

草莽隊は慶応《けいおう》四年（一八六八）一月二十八日、大須《おおす》観音《かんのん》に近い大寧寺に屯所を置いた。めいめい自分勝手な衣装だが、腰は決まって二本差しである。

尾張藩から頼まれての二本差しだが、藩士からは憎悪《ぞうお》に近い視線を浴びた。通りすがりに尾張藩士たちは近藤たちに罵声《ばせい》を浴びせる。それを聞いて腹が立たないわけがない。

「とろくせいことを抜かすなッ！　おミャーらが戦争やれねぇから、こちとらぁは頼まれたんだ。侍なら抜いて見やがれ」

腕自慢の草莽隊士である榎木才蔵がキレて抜刀すると、雑言を浴びせた尾張藩士三人を即座に斬り倒して、その場で自刃した。侍より強いのである。

また、草莽隊士の三浦佐市（美濃《みの》〈岐阜県〉の農民）は、城下の伊勢町で二人の藩士と口論となり、一人を袈裟《けさ》懸《が》けにし、もう一人の顔を二度も斬りつけて絶命させた。農民佐市の完勝である。佐市は帰隊して事件を報告したが、「止《と》め」を刺さずに帰ったことに気づき、現場に戻ったら野次馬が溢れて近づけなかった。隊に報告すると協議後、佐市に切腹が命じられた。佐市は丁寧に草莽隊全員と屯所の下男にまで決別の挨拶をすると、腹に墨《すみ》を引いて、その上を小刀でなぞって果てた。もはや、侍は農民にまで不覚を取る体《てい》たらくである。

事件を記録した尾張藩士は「草莽隊は卒族（足軽などの下級武士）なり、士族に傷を蒙《こうむ》らせるは罪あり」と屁理屈《へりくつ》を記した。腕は立たぬが理屈は立つ。「武士の不覚」など頭の隅《すみ》にもない。武士道とはかけ離れた尾張武士の姿であった。

尾張の士道没落は、尾張藩剣術指南役の柳生忠次郎の不覚ぶりで極まる。有名な尾張柳生家の隠居まで、大人げもなく草莽隊士と喧嘩した。

柳生忠次郎は草莽隊士を見事にうっちゃったが、起き上がった隊士に組み打ちに持ち込まれた。あげく下駄で柳生先生は脳天をしたたか叩かれたうえ、脇差まで取り上げられた。尾張柳生の見苦しい惨敗ぶりである。だが、柳生忠次郎が恥じて腹を召したとは聞かない。譜代藩士の退廃ぶりは、時代の変化を如実に表わしていた。

同じ草莽隊士ではあるが、博徒の集義隊ではこうした事件は起きなかった。もともとお天道様《てんとう》の下を歩けない稼業のため、自重していたのかもしれない。親分の命令一下、暴れる日をひたすら待った。「朝廷公認の大立ち回り」に比べれば、武士の罵声など屁《へ》の河童《かっぱ》だった。

集義一番隊・二番隊を含む草莽隊の数、四百三十九人である。

尾張徳川家六十二万石は一万人以上の兵力を有したが、戊辰戦争に出陣した藩士はわずか千五百人程度にすぎない。尾張藩士千五百人中、戦死したのはたったの四人。草莽隊は四百三十九人のうち九人死んだ。藩士の弾除《たまよ》けに草莽隊は使われ、戦死者の数だけでも倍に及ぶ。集義隊は死をも恐れぬ目覚ましい活躍をした。

戊辰戦争から凱旋《がいせん》すると、「抜群勇戦功」の冠を賜り、集義隊は尾張藩常備兵となる。博徒の「抜群勇戦功・集義隊」は、京都藩邸詰から転じて江戸藩邸詰となり、東奔西走した。近藤実左衛門親分は藩校「明倫堂《めいりんどう》」剣術世話役である。親分転じて先生となり、尾張柳生など目ではなくなる。

飛ぶ鳥を落とす勢いの集義隊、草莽隊だったが、大目付の渡辺鉞次郎に一杯食わされる。明治四年（一八七一）七月の廃藩置県のさい、まず集義隊に解散が命じられ、二年分という少ない扶持《ふち》で路頭に放り出された。政府は諸藩兵の叛乱《はんらん》を恐れたが、一度権力の走狗《そうく》となった負い目もあるのか、近藤・平井両親分とも「永《なが》のお暇《いとま》」と従順だった。その潔さは武士よりも武士らしかった。明治五年には草莽隊も解体される。

集義隊の面々が悲惨なのは、五年の兵隊稼業の期間に賭場の縄張りを同業に奪われていた。男同士が棟割《むねわり》長屋に同居するはめになり、金魚の養殖《ようしょく》や、大須の遊廓を仕切る者もいたが、今さら元の博徒に戻りたくもない。尾張藩士からの屈辱《くつじょく》に耐えて、藩士よりも危ない目に遭って戦ったのは、士族への編入を信じていればこそだった。男泣きする子分の声に、見かねた近藤親分は士族への編入を愛知県に掛け合ったが、知らぬ顔の半兵衛であった。

このままでは腹の虫が収まらない。一寸の虫にも五分《ごぶ》の魂で、彼らはその後、自由民権運動に合流していった。明治の自由民権運動に博徒が参加していた理由はここにある。

最大のタブー「領民逃亡」

江戸時代の記録に残ることが少ないのが、領民の他領への大規模な転出である。

領民が逃げ出すことを「欠落《かけお》ち」「逃散」と呼ぶ。これは領内の安寧を保つ責務のある大名には不名誉なことなので、厳重に取り締まった。宗門改《しゅうもんあらため》(キリシタンではないことを調べる）や檀家《だんか》制度（領民はすべて寺の檀家として登録された）で領民の移動を制限したが、それでも多くの領民が他国へと逃げ出した。ほとんどの日本史の教科書は、この事実を載せない。

能登《のと》の漁村の大念寺《だいねんじ》新村《しんむら》（石川県羽咋《はくい》郡志賀町）には奇妙な伝承がある。

「万治《まんじ》年間（一六五八〜六一）に漂流して生き残った二〜三人の小浜《おばま》隣接の漁村、西津《にしづ》・小《こ》松原《まつばら》の漁民が、能登の川尻《かわしり》に流れ着き（大念寺新村に）定着した」

明和《めいわ》四年（一七六七）に町民学者によって書かれた『稚狭考《わかさこう》』なる若狭《わかさ》（福井県）の郷土誌がこのように伝えている。

小浜酒井家領内の漁村である西津・小松原の漁師が、加賀前田家領の能登川尻に漂着して、大念寺新村をつくったということである。

では、実際はどうだったのか。

たった三人くらいの漁民だけで新しい村が立つわけがなく、漂着先の村に彼らが吸収されたと考えるほうが自然だろう。この漂流民がつくったという村の伝説にはおそらく裏がある。若狭の漁村から漁師がいなくなった事実は隠蔽《いんぺい》できないので、やむなく漂流して能登へ住み着いたとする話を作り、その後、この話が伝承されたようだ。何しろ若狭は老中の酒井忠勝《さかいただかつ》が入ってから年貢増徴で領内は大騒動となり、磔刑《たっけい》者まで出した。よって、領民が逃げ出したわけだが、酒井家は漂流伝説を流布した。

現実には能登の大念寺新村は、漂着以前の寛永《かんえい》九年（一六三二）に若狭の高浜《たかはま》・小浜から移住した釣り漁師により形成されていた。京極氏が出雲《いずも》松江（島根県）へ移封されて、酒井忠勝が入封する二年前である。大念寺新村と村名に寺の字がつくのは、地元の寺も同意のもとだったのだろう。

それほどまでに、領民が逃げ出すことはタブーだった。

同じく能登輪島《わじま》の海士町《あままち》（石川県）は、九州の筑前鐘崎《ちくぜんかねざき》（福岡県宗像《むなかた》市）出身の漁師が近世初期に定住してつくった町だという。漁師たちは漁場を追って移住したのだろう。また、鐘崎は海女《あま》発祥の地でもあり、彼女たちが能登に枝村をつくったともいわれている。

越中射水《いみず》郡脇村（富山県氷見《ひみ》市）は、明暦《めいれき》二年（一六五六）から寛文八年（一六六八）の十二年間も不漁が続いたため、窮した漁師たちは船団を組むと一軒を残して、越後《えちご》国蒲原《かんばら》郡（新潟県）へ移った。このときの移住先が越後国蒲原の脇町と言い伝えが残っている（岩本由輝「移住と開発の歴史」『日本民俗文化大系⑥ 漂泊と定住』）。漁民は船を使って自由に住処《すみか》を移動できた。領民の移動は激しかったのである。

関東地方でも房総半島の太平洋岸や、内海の東京湾三浦半島には、紀州から移住した漁師の住む村が多い。浦賀奉行所の与力《よりき》は八代将軍吉宗《よしむね》の時代に紀州から連れてこられた者が多いので、紀州徳川家出身の将軍吉宗の意向もあったのかもしれない。

浄土真宗の寺は移民の足跡

移民は漁民だけではない。

北関東の土地は痩《や》せているので、「潰《つぶ》れ百姓（破産した農民）」も多かった。儲《もう》からない農業をするよりも江戸での雇用を求めて欠落《かけお》ちする人々も増え、村の人口が減り、その結果、荒蕪地が増えるという悪循環に陥った。

後世の教科書では、農民の人口減は貧困による口減らしのために赤子を殺す「間引き」に求めるものが多い。まるで農民側の責任である。

ところが、文化十三年（一八一六）頃、社会批判書である『世事見聞録』を書いた武陽《ぶよう》隠士《いんし》は、その理由をこう見抜いていた。

「村の人口が減るのは間引きのせいではなく、農民が村を捨てて都会に出たがることにある」

江戸に比較的近い北関東の地理的条件を欠落ちの原因と指摘したのである。

さて、潰れ百姓が残した荒れ地を再興させる解決策として、「移民」を採用したのが、延享四年（一七四七）に入封した常陸《ひたち》笠間《かさま》（茨城県笠間市）八万石の牧野家である。

寛政《かんせい》五年（一七九三）、藩から相談を受けた領内の浄土真宗「西念寺《さいねんじ》」僧侶の良水は、信仰上、間引きを否定する北陸浄土真宗門徒の農民を招致して、荒廃地を再開発させる献策をした。

翌年から良水は北陸加賀（石川県）に足を運び、加賀百万石領内で移民募集をはじめた。北陸は人口過剰で耕地不足に悩んでいたので、良水は説得して六十戸余りの農民を笠間へと送ることができた。移民に応じた人々は、昼間は橋の下などに隠れ、夜陰に乗じ人目を忍んで笠間に向かった。

八年後、このことが加賀前田家側に発覚して移民の引き渡しを求められた。良水は笠間牧野家に累《るい》を及ぼさないために、個人の事業として責任を一身に背負い切腹した。良水の遺志は、孫の良永に継がれ、慶応四年（一八六八）までに北陸からの移住は六百五十戸を数える。

同じ常陸《ひたち》の水戸徳川家の領地も、欠落ちや逃散で潰れ百姓が多く、荒蕪地が三割を占めた。それを復興したのも北陸の浄土真宗門徒である。水戸領内の伝承では笠間の移民の分家ともいう。

下野真岡《もおか》代官の竹垣直温《たけがきなおあつ》は、前任地の越後で人口過剰と農地不足を見てきた。やがて、竹垣は越後各地の代官と交渉して、越後の浄土真宗門徒を誘致した。その内訳は下野芳賀《はが》郡五百戸、常陸新治《にいはり》郡一百余戸、結城《ゆうき》郡二百余戸、茨城郡二百余戸である。この場合は農民とともに真宗の寺院も伴《ともな》った。

同じ頃、相馬《そうま》中村（福島県）家は加賀・越中・越後・能登のみならず、因幡《いなば》（鳥取県）、伊予（愛媛県）、但馬《たじま》（兵庫県）、日向《ひゅうが》（宮崎県）、薩摩《さつま》（鹿児島県。薩摩藩は浄土真宗禁教の土地）から三千戸も呼び寄せた。

他に現在の福島県いわき市にある陸奥《むつ》神谷《かべや》陣屋（笠間藩飛び地）八十余戸、水戸御連枝の宍戸《ししど》（笠間市）五百戸と合計五千戸を超す浄土真宗門徒が北関東の荒れ地を再開発した。移住者は男性が多かったようで、藩は女性を近隣の藩から買い入れて、無償で移住民に与えた。中には飢饉で苦しむ藩の足元を見るように女性を無料で呼び寄せた藩もある。

これらの土地の再興は、浄土真宗の組織的援助がなければ不可能なことであった。浄土真宗の寺院が北陸に劣らず北関東に多いのは、人口回復のための移民の歴史を秘めているからでもある。

余談だが、東日本大震災時、浄土真宗の各寺院は組織的な支援を行なっているが、歴史を知っていたのかもしれない。

幕末慰安婦外交とハーフの運命

「日本の役人は猥談《わいだん》が好きだ。何かというと女を勧めてくる」

アメリカ初代駐日公使のタウンゼント・ハリスがあきれ、諸外国の外交官は「女ご馳走《ちそう》」と記録している。下田では盛んに女ご馳走が勧められ、雨が降れば幕府役人が「今日は女ご馳走日和《びより》で」と誘ってくる始末である。

開港条約で横浜村（神奈川県）の田んぼを埋め立て、港とした。その横浜村には農家があったのだが、その人たちの行方《ゆくえ》に視線を向ける人はいない。地元の郷土史家が探索したところ、現在の横浜市の南部、金沢区の能見堂《のうけんどう》なる地に移されたらしい。京浜急行の能見台駅と金沢文庫駅の中間くらいにあたり、現在、付近は大規模団地として知られる。それ以前は山中で炭などを焼き、細々と暮らしていた。横浜開港の陰には悲しい物語がある。

横浜が開港すると、早くも遊廓《ゆうかく》設置を神奈川の旅籠屋《はたごや》である鈴木屋久作と品川遊廓の岩《いわ》槻屋佐吉《つきやさきち》が出願してきた。

遊廓設置にはうるさい幕府が、なぜか外国人相手だと奨励《しょうれい》する。太田屋新田《おおたやしんでん》八千坪を無料で提供したあげく、保護奨励金一万五千両も貸し与えて、「江戸吉原《よしわら》にも劣らぬようにせよ」と申し渡した。

現在の横浜スタジアムの地に異人相手の遊廓が完成したのは、安政《あんせい》六年（一八五九）十一月のことである。当時、横浜の人口三万人余、うち異人約三千人といわれるから、十人に一人が異人である。その異人相手の遊廓は二十数軒。そこで働く異人相手の娼妓《しょうぎ》は「洋妾《ようしょう》」と書いて「ラシャメン」と呼ばれた。

そのうち、白人のなかには商売女ではなく、素人娘を要求する不届き者が出てきた。つまり、すれていない女性がいいという話である。

幕府としても素人娘と結ばれる外国人が増えて遊廓が衰亡しては一大事と、「遊廓娼妓《しょうぎ》を除き、普通住民の娘は外人と通ずべからず。もし不届きの者は見付け次第重手錠」と淫行《いんこう》を禁じるお触れを布達している。

お触れは焼け石に水だったか、外国貿易が盛んになればなるほど、外国人と結婚したり、隠れ妻になったりする者が増えていった。彼女たちを人びとは「娘ラシャメン」と呼んだ。

もちろん、娘ラシャメンは脱法行為である。幕府が認めた「プロ」の洋妾になりたければ、いったん公娼の籍に入る必要があった。このあたりは徹底して差別するのが幕府らしい。異人遊廓の営業妨害はさせないというわけだ。

さて、日本初の外国人専門の公娼の収入はどのくらいか。

「娼妓の外国館行きの給料は一カ月二十両（四〇〇万円）、十五両（三百万円）、十両（二百万円）の三等あり。毎月一両二分（三十万円）を会所に納める」

一両あれば江戸で親子四人が一カ月楽に暮らせた。異人娼妓となれば三等でも、現代のサラリーマンの一年分をひと月で稼げたのだ。

必然、彼女たちの揚代《あげだい》（娼妓に支払う代金）は高くついた。外国人にとっても遊廓の娼妓代はバカにならず、正直な話、素人娘と恋愛したほうが楽しいし、安上がりだった。

かくして遊廓は慶応二〜三年（一八六六〜六七）になると衰微の状態となった。困ったのは遊女たち二十七歳から四十歳まで七十人だった。それを一括《いっかつ》五十両で買って香港《ホンコン》やシンガポールなどへ売った中国人がいる。彼女たちのその後は定かではない。

港町横浜は貿易の投機と悲しみの町でもある。

横浜長者町《ちょうじゃまち》（横浜市中区）の医者の覚え書きでは、幕末以来、ラシャメンが産んだ混血児は、数百数十人とあるが、実数はその数倍にのぼると推測されている。しかも混血児は成長すると、神奈川奉行所管轄《かんかつ》の暗闇坂《くらやみざか》（横浜市西区）にあった牢屋敷の囚人とされて使役された。

明治六年（一八七三）八月、すでに文明開化の世の話。大岡川の弁天橋が竣工《しゅんこう》した。そのとき暗闇坂の混血児四人が連れ出され、弁天橋に来た。橋のたもとに大きな穴が開いている。役人が「穴に入れ」と命令する。四人がおずおずしていると、背中をどんと押されて穴のなかに転がり落ちた。その上にどっと土砂《どしゃ》がかぶされる。混血児は「人柱《ひとばしら》」にされたのである。

これが欧化を急いだ明治政府の正体だった。弁天橋は今も横浜市の人気スポット「みなとみらい」を望む場所に残っている。

おわりに

大正時代にはじまったテレビ時代劇やチャンバラ映画で描かれた江戸と、歴史的な現実の江戸の落差を見てきました。もちろん、本書をもとに「江戸の歴史を忠実に描け」と野《や》暮《ぼ》なことを申し上げる気はありません。しょせんフィクションと歴史は異なります。強調したいのは、フィクションと歴史を明瞭にする必要性です。

それでなくても歴史的出来事は、現代の問題意識で取り上げられることが多いからです。「あらゆる歴史は現代の歴史である」というイタリアの哲学者で歴史家のベネデット・クローチェの言葉もあります。時代劇やチャンバラと江戸の歴史を混同すると妄想にまでいたってしまいます。

主人公の美剣士が白刃をきらめかせ、敵をバッサバッサ斬り倒していたら、突如、火縄銃を突きつけられた……こんな時代劇のワンシーンで、主人公が歯噛みして口にします。

「おのれー、飛び道具とは卑怯《ひきょう》なり」

たしかに鉄砲は江戸初期には見たことのない新兵器であったでしょうが、相手方に突きつけられた場合は卑怯になるのでしょうか。そもそも、飛び道具の先駆の「弓」は弓箭《きゆうせん》の道と呼ばれた武家の嗜《たしな》みでした。「飛び道具は卑怯」という発想は、武士の事情を知らない脚本家の妄想でしょう。幕末に突如現われて巨砲をぶっ放す黒船を前にしたときですら、江戸のサムライたちは対抗すべく手立てがないと自分たちの不甲斐《ふがい》なさを嘆きましたが、「黒船は卑怯」などの言葉はひとこともありませんでした。せいぜい新撰組の土方歳三《ひじかたとしぞう》が口にした「もう剣の時代じゃねえ」の負け惜しみまでです。

昨今、驚愕《きょうがく》した時代劇の一場面は、「誕生日祝い」でした。さすがにケーキを食べたわけではなく、あくまで誕生日を祝う挨拶を登場人物たちが交わしていたにすぎませんが、実のところ、日本人は幕末まで誕生日など気にしていなかったのです。ペリー艦隊がアメリカ大統領の誕生日に「祝砲」を放って、初めて誕生日を祝うことを知ったぐらいでした。江戸時代まで年齢の計算は、正月に一歳加齢する「数え年」がノーマルであり、誕生日から正確に数える「満年齢」は明治からのものです。「○月○日生まれ」を気にする人は、江戸の町にはいなかったと思います。

これほど野放図では、フィクションとしてもリアリティの面からも問題が生じますし、日本の古い慣習にも誤解を生じます。

そういえば、テレビや映画の時代劇に登場するオープンセットも同じです。予算の関係からも目茶苦茶な造りになっています。暴れん坊の将軍が活躍する時代劇では、江戸城が出てくる場面になると、なぜか白亜の天守の映像が登場するのです。確かに江戸城天守は白亜だった時代もありますが、何より八代将軍の時代には焼失していますし、だいたいにして江戸城ではなく姫路城の天守の映像では……これも景観を文化財として尊重しなかった結果のひとつといえましょう。

大正時代にねじ曲げられた江戸の歴史ですが、昭和になると一転し、外国と戦うために「武士道」が鼓舞《こぶ》されることになります。この武士道も本来のモノとは、かなり異なるものでした。結局、刀剣に頼った武士が明治維新で鉄砲と大砲の前に無力だったように、昭和の武士道崇拝のいびつな江戸時代像は敗戦とともに瓦解《がかい》しました。

戦後の昭和は戦前・戦中の反動でしょうか、「武」の世界を否定するあまり、あり得ない江戸時代の「農民一揆」像を生み出しました。

本来、一揆とは神前で同じ水を飲み（一味神水）、それから武器を手に戦うものであり、江戸時代の一揆で該当するものは、「天草・島原の乱」のみでした。それ以外に、いわゆるわれわれが知る「一揆なるもの」は起きていません。

農民が手に手に鎌や竹槍など携行する一揆など存在しなかったのです。お馴染《なじ》みの筵旗《むしろばた》を掲げた竹槍姿の百姓一揆が頻発《ひんぱつ》するのは、実は明治になってからでした。

何より「一揆」という言葉を江戸時代には使っていないのです。われわれがイメージする一揆は、「騒動」「強訴《ごうそ》」「越訴《おっそ》」「小前騒動《こまえそうどう》（村方騒動）」、あるいは「打ち壊し」と呼ばれました。

この事実が共有されたのは平成の時代になってからです。「歴史は書きかえられる」との言葉の通りです。

「事実は小説より奇なり」といいますが、チャンバラや時代劇よりも歴史的な江戸の現実のほうが面白かったりします。小著も書きながら、新発見と再発見がありました。現在の北陸地方での領民の逃亡についてです。本文内でも書きましたが、江戸幕府のトップである「老中」の面子《めんつ》を潰す領民の移動を為政者側が伝説を創作することで、その事実を曖昧《あいまい》にしたことです。これなど「意図的な世論操作」が江戸時代前期に存在した明確な証拠のようにも思えます。

もとより歴史学者は「証拠の文書があるのか？」と鼻であしらうでしょう。しかし、歴史を文献のみで語る時代は終わったのではないでしょうか。公文書が改竄《かいざん》される時代なのです。

考古学的発掘史料や遺物・遺跡、さらには気候史料など総合的な視野で歴史を探求する必要があります。歴史はギリシャ語のイストワールに由来しますが、それは「探求」という意味です。江戸時代は、画一的に語られただけに歴史的事実のほうが面白いと私は思っています。

末尾になりましたが、本作りは常に編集者をはじめとして多くの人々との共同作業です。とくに先人の研究者の地道な研究や記録の発見などに深い感謝と尊敬の念を捧げます。

本書の出版の機会を与えて下さったＭｄＮコーポレーションと煩雑な編集作業をして下さった旧友の編集者・松森敦史さんにも紙面を借りて御礼を申し上げます。

何よりも感謝を申し上げたいのは、本書を手にして下さった読者のあなたです。

二〇二一年一月

古川愛哲

参考文献

旧事諮問会編『旧事諮問録　江戸幕府役人の証言　上下』（岩波書店）
高橋敏『国定忠治』（岩波書店）
東京日日新聞社会部『戊辰物語』（岩波書店）
山川菊栄『覚書・幕末の水戸藩』（岩波書店）
西沢淳男『代官の日常生活　江戸の中間管理職』（角川書店）
新見吉治『下級士族の研究』（巌南堂書店）
阿部昭『江戸のアウトロー　無宿と博徒』（講談社）
柴田純『江戸武士の日常生活　素顔・行動・精神』（講談社）
H・シュリーマン『シュリーマン旅行記　清国・日本』（講談社）
畑尚子『江戸奥女中物語』（講談社）
山室恭子『大江戸商い白書』（講談社）
ロバート・フォーチュン『幕末日本探訪記　江戸と北京』（講談社）
村上直校訂『江戸幕府郡代代官史料集』（近藤出版社）
本間清利『関東郡代』（埼玉新聞社）
川島恂二『関東平野の隠れキリシタン』（さきたま出版会）
鈴木理生『家主さんの大誤算』（三省堂）

鈴木理生『大江戸の正体』（三省堂）
岩本由輝「移住と開発の歴史」『日本民俗文化大系⑥　漂泊と定住』（小学館）
R・ヴェルナー『エルベ号艦長幕末記』（新人物往来社）
P・G・ロジャーズ『日本に来た最初のイギリス人　ウイリアム・アダムズ＝三浦按針』（新評論）
村上直『代官　幕府を支えた人々』（人物往来社）
岩本憲児編『時代劇伝説　チャンバラ映画の輝き』（森話社）
柴田宵曲編『幕末の武家』（青蛙房）
滝川政次郎『池塘春草』（青蛙房）
綿谷雪編『幕末明治実歴譚』（青蛙房）
タイモン・スクリーチ『定信お見通し　寛政視覚改革の治世学』（青土社）
黒木喬『江戸の火事』（同成社）
フィッセル『日本風俗備考』（東洋文庫）
宇田川武久『江戸の砲術　継承される武芸』（東洋書林）
鈴木理生『お世継ぎのつくりかた 大奥から長屋まで江戸の性と統治システム』（筑摩書房）
小泉和子『室内と家具の歴史』（中央公論新社）
人間文化研究機構国立歴史民俗博物館編『歴史のなかの鉄炮伝来　種子島から戊辰戦争まで』
高橋章則『江戸の転勤族　代官所手代の世界』（平凡社）
宮本常一・山本周五郎・揖西高速・山代巴監修『日本残酷物語　1～5』（平凡社）

藝能史研究會編『日本芸能史(七)近代・現代』(法政大学出版局)
ポンペ『ポンペ日本滞在見聞記』(雄松堂書店)
岡田章雄『鎌倉英人殺害一件』(有隣堂)
保田晴男『ある文人代官の幕末日記』(吉川弘文館)
南和男『江戸の町奉行』(吉川弘文館)

他にも多くの文献・史料、ホームページ、パンフレットを参考にさせていただきました。

MdN新書
015

歪《ゆが》められた江戸時代《えどじだい》

2021年2月11日　初版第1刷発行

著　者　古川愛哲《ふるかわあいてつ》
発行人　山口康夫
発　行　株式会社エムディエヌコーポレーション
〒101-0051　東京都千代田区神田神保町一丁目105番地
https://books.MdN.co.jp/
発　売　株式会社インプレス
〒101-0051　東京都千代田区神田神保町一丁目105番地
装丁者　前橋隆道
DTP　アルファヴィル
図版所蔵　国立国会図書館
印刷・製本　中央精版印刷株式会社

カスタマーセンター
万一、落丁・乱丁などがございましたら、送料小社負担にてお取り替えいたします。
お手数ですが、カスタマーセンターまでご返送ください。

落丁・乱丁本などのご返送先
〒101-0051　東京都千代田区神田神保町一丁目105番地
株式会社エムディエヌコーポレーション　カスタマーセンター　TEL：03-4334-2915

書店・販売店のご注文受付
株式会社インプレス　受注センター　TEL：048-449-8040／FAX：048-449-8041

内容に関するお問い合わせ先
株式会社エムディエヌコーポレーション　カスタマーセンターメール窓口 info@MdN.co.jp
本書の内容に関するご質問は、Eメールのみの受付となります。メールの件名は
「歪められた江戸時代 質問係」としてください。電話やFAX、郵便でのご質問にはお答えできません。

Senior Editor 木村健一　Editor 松森敦史

ISBN978-4-295-20101-4　C0221